法治视野下的博物馆研究

焦晋林◎著

序

给晋林的研究专著写序是我愿为而不敢为的事情。“不敢为”的原因很简单，因为就自己的学术水平而言，尚无能力为这样一本涉及法学多个“二级学科”领域的研究专著作序，书中所论及的一些问题对我而言是一知半解，甚至是陌生的。

虽勉为其难，但最终还是应承了来写这个序言，深层的原因当然是因为虽不敢为却又很想为，这其中的原因有两个：一是我对晋林的为人为学有比较深的了解，对晋林的研究成果实在是很放心。二是为了破除“不敢为”的心理，我也是将他的书稿反复阅读，在阅读过程中受益良多，深感能为此书作序，也实在是我的荣幸。

我是晋林硕士论文的“指导”老师。说来惭愧，大约三年前，第一次与晋林见面。边谈边翻看他带来的学位论文初稿，记得内容是对博物馆馆藏文物物权的法理分析。可能因为我是学历史的出身，又刚刚从理论法学教研中心的法史教研室调入法理教研室。教务老师看到又是“博物馆”，又是“法理”，便把他分在了我的名下。那一次的论文指导，实则变成了教学相长的长谈，使我对法史研究的实际意义有了确切的感悟。

以往在课堂或学术交流中，常常被问起“学习法史有什么用”，庄子精彩的“无用之用”成为当下法史学者（当然也包括我）应付此问的最有力回应。虽然有先哲名言作为“甲胄”，但心里也明白这种回答有些“所答非所问”，而对于涉世未深的年轻学子来说，这种回答也确实过于玄妙了。对于法史研究的学术价值我从来没有过丝毫的怀疑，但说到理论意义与实际作用，多少就会有些心虚。因为“无用之用”的“用”毕竟是脱离了大多数人认为的那个“现实社会实践”的，这个“用”非提问者所言之“用”。随着晋林对自己论文要旨的介绍，法史学研究局限于历史上法律制度与法律思想的传统定义被突破，“复原”与“阐释”以往的法律制度与思想，探索不同文明的法律所具有的不同特点与普遍发展规律只是法史研究的基本内容。现实中，许多理论与实际问题需要在史学与法学双视角的研究中予以阐释与解答。这个“用”才是提问者所想要知道的那个“用”。比如，就中国古代法律制度而言，自上而下的行政“管理”色彩浓厚，政治、军事自不待言，就是经济、文化、教育等各个领域的法律法规基本也都是以行政管理性质的规范为主。在这种浓厚的传统氛围中，仅以民法学的理论阐述博物馆藏品的物权属性是否准确？现实中解决博物馆藏品物权纠纷的法律依据是什么？法律如何保障博物馆履行社会服务职能又不损害物权人的应有权利等等。这些都是实实在在的法律史研究应该关注到的实际问题。第一次对晋林学位论文的“指导”，作为“指导老师”的我再次体会到了“生也有涯，学无涯”的学术乐趣。晋林朴实、严谨与开阔的学术视野给我留下了深刻的印象。阅读了晋林的论文后，我坦言告诉他，论文水平之高出乎我的意料，对错综复杂的问题轻重有序地娓娓道来，新颖的见解和颇有深度的理论阐述在简洁准确的文字及术语的表述中得以淋漓尽致的展现。

硕士毕业后，晋林有继续学习的愿望，我也是很想将他收为博士，孟子言，君子有三乐，其中“得天下英才而教育之”为其中之一。身为教师，“得天下英才而教育之”更是职责所在。但因为学校对在职学习的要求日益严格，晋林继续学业的愿望成为难事。其实在我看来，博士学位对于晋林的实际意义已经不大，他的硕士学位论文所表现出的出色的研究能力与严格的学术训练，毫不逊色于博士，而我也是一直将他视为学之“益友”的，因为就文博方面的法律研究而言，他已是学界的佼佼者。

虽然我很遗憾无缘成为晋林的博士导师，但是我们的学术交流与合作从未间断。我收到他赠予的专著《丹棱撷贝——京西出土文物品鉴》，字里行间透露了他对历史传统的热爱和对文明传承载体——文物造诣颇深的鉴赏力。中国人民大学法学院的学习，则使晋林进一步将对传统的热爱转化为一种自觉的责任与身体力行的行动，即依据法律更好地发挥博物馆作为社会服务机构的作用，更好地保护、利用文物，使公民的文化遗产权得以切实实现。我想，正是基于这种使命感，晋林才又有了这本《法治视野下的博物馆研究》。

对于研习法律的人来说，这是一本开卷有益的力作。晋林以关涉博物馆法律的最为基础的问题——博物馆的法律地位与博物馆藏品物权为研究的突破口，以便对已经基本构建起的以宪法为核心的文博领域的立法体系进行举一反三的研究。因此，本书研究的视野较以往多以民法学理论为主而有了大大的拓展和进步。在立足于民法学理论基础的同时，晋林更多地结合了行政法学的理论和方法，尤其是吸纳了行政法学的公物法研究成果；注意到了与许多国家将博物馆划分为“公立”与“私立”的不同，我国相关立法则是将博物馆划分为“国有”与“非国有”这一根本性的国情；阐述了博物馆所参与的法律关系不是单一的，其涉及民事、行政、刑事、诉讼等各种法律关系。晋林认为，在公物法理论的解释中，博物馆具有“人”与“物”的双重属性，只有将这两种属性置于不同的法律关系中进行动态的解析，才能更贴近我国的博物馆实务。同时，博物馆藏品的物权属性也不是单一的，其具有“公物”与“私物”的双重属性。

由于学识所限，我无法对晋林的这本著作做更多、更深入的介绍，重要的是我从中可以看到晋林的学术抱负，即丰富、完善中国的文博法理论，使博物馆更好地发挥服务于民的作用，让承载着中华文明的物质载体——文物得以更好的保护与流传。如此抱负，使我感佩，因此而为之序，与晋林共勉。

2016 年 4 月 11 日

概 论

博物馆作为向社会提供公益服务的文化平台，不仅是国家服务行政理念在公共文化领域的直观体现，也是公民实现文化遗产权的重要途径。实践中，我国文博法治进程在不断取得成绩的同时，也存在着许多值得关注的实际案例和与之相关的基础法理问题需要明晰，其中不少典型案例所表现出的社会影响力和复杂性也给博物馆学和法学理论研究提出了新挑战。比如，博物馆法学作为博物馆学的分支还有待进一步纳入到博物馆学的整体学科体系中；博物馆及藏品的法律属性研究有待继续深化和明晰；与博物馆相关的法律关系的性质尚需系统梳理；博物馆法学理论研究成果的时效性、针对性与博物馆实务之间的联系仍需加强；针对博物馆实务中出现的权属争议等热点问题所进行的理论研究还需在广度和深度上继续拓展；文博法律规范与其他领域法律规范之间的协调及衔接仍然存在不少冲突；等等。在面对这些问题时，如何认识和定位博物馆的法律地位、藏品属性，直接关系到博物馆法学理论体系的科学构建，以及相关立法基于不同利益取向和价值取向的规划和设计，进而会对博物馆司法实践产生深刻影响。

在涉及以上问题的相关研究中，博物馆学和法学领域的学者们也曾进行过多方面努力，取得了不少理论成果。其中既有针对博物馆机构性质的研究，也有针对博物馆法人资格的研究，并且随着我国以构建服务型政府为特点的行政体制改革进程，还有行政法学者从公物法学理论视角关注到了包括博物馆在内的公共设施的诸多基础法理问题。本书正是在前人研究成果基础上，对博物馆法律地位、藏品法律属性、馆藏文物物权等博物馆法学问题进行的专题研究。就研究方法而言，本书是以传统民法和行政法研究视角为基础，紧密结合现阶段公物法理论研究成果，立足于现有法律框架和博物馆实务，综合运用历史分析法、规范性文件比较法、案例分析法、法律关系分析法等研究方法，对博物馆社会现象进行的一次跨学科、跨部门法研究的尝试。作者认为，从公物法视野研究博物馆法律问题，既有利于拓展研究空间，更加贴近博物馆实务；也有利于在统一规则前提下，考察所有类型博物馆的共同规律；还有利于兼顾私权与公权，为博物馆立法和实践提供可行的学理支撑。

本书内容主要由公物与公物法概述、博物馆的双重法律属性、博物馆法人制度、博物馆藏品的公物属性、博物馆公物法律关系、馆藏文物的物权结构、馆藏文物所有权以及公物法理论在博物馆相关案例的具体应用分析等几部分组成：

第一章，公物与公物法概述。公物法学理论不仅对于博物馆学来说非常陌生，即使对于我国部门法的研究来说也是进入二十一世纪以来才逐渐引起重视的行政法学分支学科，并且，本书所采用的研究进路主要建构于公物法学理论背景之下，通过整合不同学科理论资源来梳理和深入分析博物馆立法和实务中的法学问题。因此，在对博物馆社会现象进行针对性研究之前，有必要对公物、公营造物及公物法学的基本理论问题进行概括性介绍和提炼。

所谓公物，学者们对其定义有不同的表述，但核心意思基本相同，即指或者服务于行政活动，或者是供公众无须许可，或者根据特定许可使用的物。其基本特征主要有三方面：一是以公用为目的；二是应由行政主体提供或管理；三是受到公法与私法的共同调整。公营造物属于公物的一种特殊存在形态，其概念由德国行政法之父奥托·迈耶首创，具体是指为持续履行特定的公共目的，由行政主体掌握的一个人与物相结合的公法上的组织体，在语义上与法国的公共机构或公共设施相对应，我国行政法学前辈王名扬老先生则将其译为公务法人。其特点也可以通过以下几方面体现出来：第一，公营造物是特定物与特定人结合的组织体；第二，公营造物需依法由行政主体设立或管理；第三，公营造物的目的是提供持续性的公益服务。就公物法的定义而言，是指有关公物的设置、公物使用及管理的法律规范的总称。在法律渊源上包含了宪法、法律、行政法规、地方性法规、国务院部门规章、地方性规章及其他规范性文件、国家公约等。

第二章，博物馆的双重法律属性。根据我国《博物馆条例》，同时结合国际博物馆协会章程以及其他国家相关立法表述，博物馆是指以教育、研究和欣赏为目的，收藏、保护并向公众展示人类活动和自然环境的见证物，经登记管理机关依法登记的非营利组织。就其专业构成而言，主要包括了藏品、馆舍设施、专业人员等几方面要素。其中，博物馆藏品既是博物馆存在和发展的物质基础，也是博物馆的首要服务对象；固定的馆舍和完善的配套设施是博物馆存在和提供公共服务的重要物质基础；博物馆专业人员则是博物馆存在和履行职能所必需的智力因素。

在公物法视野下，博物馆表现出明显的兼具“物”与“人”的双重属性特征。一方面，在福利行政、服务行政背景下，行政主体通过直接或间接设立的博物馆，为社会公众提供公益性文化服务，使博物馆成为社会公众接受社会教育、共享文化资源、开展科学研究的重要场所和机构，从而具有了公营造物属性。另一方面，博物馆为了正常发挥其公益职能，法律赋予其法律关系主体资格，进而参与到相关的法律关系中，从而具有法律人格属性。

第三章，博物馆法人制度。博物馆的法律人格属性是通过法人制度体系产生和发挥作用的，通过横向和纵向视角对我国博物馆法人的设立原则、构成要件、类型划分、治理结构和责任形态等问题进行比较研究后，作者认为：第一，我国博物馆法人的设立原则经历了从许可主义到准则主义的演变，在程序上放松了准入限制的同时，也为博物馆的监督管理提出了新的要求。第二，在构成要件上，博物馆法人是特定人与特定物的结合。第三，在博物馆法人分类上，虽然大多数国家立法对于博物馆法人分类上都采用了二分法，但其所依据的法理基础存在巨大差异，即我国二分法是以物权为标准的划分，而德法等大陆法系国家的二分法则是以设立主体为标准进行的划分。第四，博物馆的法人治理结构是法人机关与意思自治的有效结合方式。第五，博物馆法人虽然承担独立责任，但在责任范围和责任财产上与普通民事主体有着明显不同。

第四章，博物馆藏品的公物属性。博物馆藏品不仅是博物馆作为公营造物的重要组成部分，其本身也具有公物属性。首先，藏品作为“人类活动和自然环境的见证物”，是见证人类社会发展和自然环境变迁的物质载体，承载着丰富的历史文化信息，因而具有信息性；其次，藏品作为资源和经济利益载体，具有财产性；第三，藏品所具有的信息性和财产性只是回答了怎样区分“见证物”与“非见证物”的问题，并没有回答“博物馆藏品”与“非博物馆藏品”之间的区别问题。而在现实生活中，博物馆藏品在收藏的方式、范围、条件、管理、处置等方面的确与非博物馆藏品之间存在很大不同，并且这些不同基本都可以在相关法律规范中找到实定法依据。也就是说，法律将“博物馆藏品”视为专门的调整对象，具有明显的法律拟制性特征。

本书在对博物馆藏品的法律属性进行比较法研究后发现，大陆法系国家基本上是将其视为公物对待的，比如《法国博物馆法》的有关规定，而英美法系国家基本上是将其视为公共信托资源来对待的，比如源自于英国发展于美国的公共信托理论。在此基础上，通过在我国博物馆与大陆法系中公物要件之间进行对位分析后得出以下认识，即在实体要件方面，博物馆藏品既具有承载公众共同利益的功能，也直接适用公法规则调整；在程序要件方面，从藏品到博物馆藏品的转化需要公物命名程序的存在才能实现，并且藏品利用本身即是博物馆藏品区别于民间藏品的内在特征之一。因此，博物馆藏品具有公物属性的认识是可以得到理论和实务支持的。

第五章，博物馆公物法律关系。如果说博物馆兼具物与人的复合法律特性所体现的是博物馆静态法律地位的话，那么，在法律关系中考察博物馆这种复合法律特性的具体表现形式和规律，则是体现其动态法律地位的优先途径。在对博物馆静态法律地位的分析中，重点考察的是典型博物馆文化现象的基本理论特征，作为一种既具有很强专业性，又带有明显普世性的社会现象，博物馆需要在实际存在的社会关系中才能发挥其所具有的各项公共服务职能，也才符合设立博物馆的目的和体现其存在的价值。当博物馆参与到社会关系中时，会因一定的法律事实而产生相应的法律关系，其中，主要依据公物法律规范形成或调整的法律关系，即为博物馆公物法律关系。

就博物馆公物法律关系的定义而言，本书则将其界定为：围绕博物馆及其藏品的设立、管理、使用而形成的受公物法规范调整的权利和义务关系的总称。其特点主要有以下几方面：第一，博物馆公物法律关系的性质具有混合性，即博物馆公物法律关系是以行政法律关系为主体，同时兼具民事法律关系和刑事法律关系因素的混合法律关系。在这种混合性法律关系中，行政法律关系占据主导地位，民事法律关系和刑事法律关系处于辅助地位。第二，博物馆公物法律关系的客体具有层次性。当博物馆在公物法律关系中主要体现其公营造物属性时，博物馆是作为公物法律关系客体存在的，而当其在公物法律关系中主要体现其法人属性时，博物馆法人是作为公物法律关系主体存在的。第三，博物馆公物法律关系的主体具有广泛性，主要包括公物提供者、公物所有者、公物利用者、公物管理者、公物监督者等。博物馆公物法律关系存在多种类型。其中，根据法律关系所依据法律规范的部门法类别，可以分为民事法律关系、行政法律关系、刑事法律关系和诉讼法律关系；根据法律关系所指向的对象不同，可以分为以博物馆为表现形式的公营造物法律关系和以藏品为表现形式的公物法律关系；根据法律行为目的不同，可以分为博物馆命名法律关系、管理法律关系、利用法律关系和相关权利救济法律关系。

第六章，博物馆馆藏文物的物权结构。鉴于馆藏文物的公物属性，对其进行物权问题研究时仅从民法角度入手显然不够，仍然需要兼从公物法理论和相关学说中寻找答案。事实上，无论是大陆法系的行政所有权理论还是英美法系的公共信托理论，都承认在公物的私法意义上的所有权之外，还存在着对物进行排他性支配的权利，无论这种权利是“公共地役权”还是“公法所有权”，抑或其他名称，都属于公权范畴，并且在其存在期间，对私法所有权有强烈的排挤作用，致使私法所有权成为名义上的所有权或者“剩余财产权”，从而体现出公物物权的二元性特征。博物馆馆藏文物作为一种兼具文化资源属性和财产属性的特殊公物，是行政主体为了发挥文物的公共文化资源功能，依法将其命名为公物，以满足公共利用的需要。权利主体对馆藏文物的支配权实际上包含了两个层面的内涵，即“对所有权的支配”和“对物的支配”，从某种意义上说，前者属于应然范畴，后者属于实然范畴。博物馆馆藏文物物权的法理核心是行政主体对公物的支配以及公众对公物的利用，馆藏文物的归属关系仅仅是公物支配和利用关系存在的事实状况，不论馆藏文物民法意义上的归属关系如何，均不会影响公物的行政支配和公共利用，仅在法理上存在自有公物物权和他有公物物权的外观差别。

第七章，博物馆馆藏文物所有权。博物馆馆藏文物物权兼具私法物权和公法物权的二元物权结构是通过具体的物权形态表现出来的。其中，私法物权形态表现为私物所有权，即馆藏文物所有权，公法物权形态表现为公物管理权和利用权。本章专门针对博物馆馆藏文物所有权问题进行分析，指出在公物法视野下，馆藏文物所有权表现出公物所有权的基本特征。受此影响，我国国有博物馆和非国有博物馆的馆藏文物所有权在权利主体、取得方式、权利限制等方面有着不同的外在表现形态，并且无论是国有博物馆还是非国有博物馆，其馆藏文物所有权都与民间收藏文物所有权存在明显不同，从而在馆藏文物的占有、使用、收益、处置权能上表现出明显的弱化现象。

总之，在法治视野下，博物馆是由作为公物的藏品和作为智力资源的人依法结合而成的公营造物，其法律地位兼具“物”与“人”的双重属性。作为“物”，它是行政主体提供给社会公众使用，以实现其公共服务职能的“公共设施”；作为“人”，它依法具有相应的法律人格，并且在法律人格的取得、权利义务范围、取消及终止等方面都有其独特的法律规制。动态上看，博物馆的这种双重法律地位直接影响着博物馆公物法律关系，或者说是通过具体的博物馆公物法律关系表现出来的。当博物馆体现出物的属性时，是作为公物法律关系客体存在的，而当其体现出法人属性时，则是作为公物法律关系主体存在的，从而使得博物馆公物法律关系具有了混合性特征，并且贯穿于博物馆公物命名关系、博物馆公物管理关系以及博物馆公物利用关系的始终。与此同时，作为构成公营造物之物质要素的博物馆藏品同样属于狭义公物范畴，其中，在馆藏文物的物权结构上体现出兼具私法物权和公法物权的二元性特征，并且与民间收藏文物所有权相比，在所有权权能上表现出非常明显的弱化现象。

Abstract

As cultural platform for social service, museums are not only vivid reflection of the administrative idea of state service applied in the regime of public culture, but also a significant approach for citizens to realize their cultural heritage rights. The research from the perspective of rule of law, on the fundamental theories of museums, such as their legal nature, legal status and right—obligation characteristics, will help to clarify the relationship among the interested parties such as museums, their founders and the public, in order to safeguard the legal interests of the involved parties; it will benefit the formulation and enforcement of relevant state regulations for it can offer necessary theoretical supports and in addition promote and secure the social responsibility of museums to preserve the historical cultural heritage, hand down excellent ethnic cultural heritage and protect the state cultural safety. In practice, the continuous economic and social development, in association with abundant cases of museums’ establishment, operation, management, utilization and termination lead to new challenges for the musicology and legal theories, especially concerning the social impact and complexity of a great number of hardship cases. To be more specific, in the judicial practice, how to define the immanent legal nature of museums, accurately recognize the legal status of museums in the active legal relations and reasonably regulate the rights and obligations of museums have amounted to issues urgent to be faced with and deserving serious consideration.

Adhering to the idea of service—oriented and welfare—oriented administration, it is of great significance in theory expansion and practice guidance, as for broadening the train of thoughts, combining the public and private interests and enabling the legislation feasibility, to make an in—depth probe under the perspective of the public property law jurisprudence into the public interest natured entities intimately connected with the public demand such as schools, hospitals, museums, houses of charity, highways, streets, parks, etc.. The study on the museum law, to be specific, if utilizing public property law theories to examine and analyze the fundamental issues concerning the museum itself and its collections, is advantageous to the exploration from the perspective civil law and administrative law in the following aspects: firstly, it is closer to reality, resulting a more extensive research horizon; secondly, it is conduction to explore the common nature of all types of museums under a uniform rule; thirdly, it is more useful to take into account both the private rights and public rights, leading to a feasible theoretic support for the museum concerned legislation and practice. Therefore, this book will, under the conventional perspective of civil law and administrative law and reliance on the current research achievements, pursue a multi—disciplinary and multi—branches—of—law research on museums from the standpoint of rule of law, which on the basis of the status quo of the extant legal framework and museums operation, will follow the integrative approaches of historic analysis, comparative study on regulations, case method and analysis on legal relations, etc..

A comprehensive survey of museums evolution reveals that at the early stage of the industrial revolution, museums shortly stepping into its modernization momentum was put on the track of rule of law under the movement of democracy and rule of law in Europe, automatically resulting in embracing museums operation into the legal and regulatory regime for social public relations. For a long period of time from then on, as the public platform providing cultural service, museums had been playing a unique role in theoretical construction for the different branches of law and relevant judicial practice. For instance, the case of Montagne c. Réunion des musées de France in France for the first time triggered the inclusion of the chattel into the administrative public property. In China, the modern practice of operating museums under rule of law emerged at the very outset of the introduction into China of the western jurisprudence and museology. The regulations on museums in the Republic of China, such as the Regulation of the History Museum under Education Ministry, Regulation of the Transportation Museum, Organizational Outline of The Museum of Republic of China, Provisional Organizational Outline of the Museum of the Forbidden City, reflected the historic characteristics of that era, in which the idea of corporation governance even exerted far reaching influence on contemporary museums legality. After the birth of the new China, China' s museums legislation gradually took shape and seminated rich Chinese characteristic in various ways, with the help of the enactment of Antique Protection Law, Contract Law, Real Rights Law, Regulation of Public Cultural and Sports Facilities, Regulation of Museums, etc.. As for the nature of museums in the relative legislation, the Regulation of Museums enacted by the State Council in 2015 formulates clearly that museums are "non—profit organizations that collect, protect and display to the public the witness of human activities and natural environment for the purposes of education, research and appreciation, which have been registered by the registration administrative authorities in accordance with the law" . Such provision is similar to international practices and manifests the reality of our current situation. In the meantime, some scholars presented different theoretical analysis on the nature of museums from diversified perspective and contributed in — depth exposition in their research on relevant areas of law. In general, it has amounted to the recognition in the museums legislation and operation and a consensus in the legal and museums community that museums should be non — profit corporation incorporated in accordance with law.

This book is composed of the following chapters:

Chapter one gives the introduction to public property and public property law. Based on the methodology adopted by this book, this chapter briefly depicted fundamental theories of the linguistic origin and definition of public property, the definition and character of Anstalten, the academic definition, feature, nature, principle and origin, etc..

Chapter two expounds the dual legal nature of museums. Firstly, this chapter teases out the historic evolution of museums on the presumption that museums are cultural and social phenomena; secondly, it analyses and summarized what constitutes a museum from the perspective of the public property law; finally, it probes into dual feature of museums both as Anstalten and corporation.

Chapter three depicts the museum corporation system. This chapter makes an in—depth analysis on museum corporation' s incorporation principle, elements, categorization, governance structure and responsibilities. With proper reference to relevant theories and legislative practice home and abroad, it points out that the establishment and perfection of museum corporation system should keep up with the pace of the historic progress of relevant legal systems.

Chapter four analyzes the public property nature of the museum collections. This chapter examines progressively the legal nature of museum collections from the following three aspects:

Firstly, it defines the coverage of museum collections based on the current legal framework, providing a generalization of their natures from the three perspectives of informativity, propertization and constructiveness; secondly, it explores the provisions of the nature of museum collections in foreign countries' and regions' legislation as well as the international conventions, providing a conventional comparative legal study on the legislative intents and summarizing their legal validity; thirdly, it parallels the elements of the museum collections and ordinary public properties, affirming that the collections are primarily regulated by the public property law and secondarily by the private laws.

Chapter five expounds the legal relation of the museum public property. This chapter probes into the definition, characteristics, feature, type of the museum public property, setting forth that museums' nature of Anstalten exists as the object of the public property legal relation while museums' nature of personality exists as the subject of the public property legal relation, therefore revealing the dynamic hierarchic feature of the museums' legal status. This chapter also analyzes the naming, management and utilization of the museums' legal relation.

Chapter six articulates the real rights structure of museum collections. Due to the important status of the cultural relics in the museum collections, this chapter teases out the fundamental feature of real rights of the cultural relics in five perspectives: nature of rights, orientation of rights, purpose of rights, administrative affiliation and remedies of rights and briefs the rights and obligations of the real rights subject.

Chapter seven elaborates the ownership of the cultural relics in the museum collections. This chapter focuses on analyzing the ownership of the cultural relics in the museum collections, setting forth that under the view of the public property laws the ownership reveals the fundamental features of the public property.

Therefore, the ownership of cultural relics in the state—owned museum and private owned museum collections differentiates greatly in terms of rights subject, acquisition method and rights confinement, and the cultural relics' function of usage, profit and disposal appears to be greatly weakened.

This book holds that museums are Anstalten jointly composed by the collections as the public property and persons as intelligent resources, with a dual nature of "thing" and "person" in its legal status. As a "thing", museums are public facilities to realized their public service function offered by the administrative authorizes to the public; as a "person", museums are legal person with unique legal basis and restriction in its legal personality' s acquisition, rights and obligation coverage and termination. Dynamically, the dual legal status directly influences the public property legal relationship of museums, or in other words, is reflected by the specific public property legal relations of museums. Through a panoramic view of the naming, management and utilization of museums, museums possess hybrid legal relationship, for on one hand, they stand out to be the object of the public property relationship while reflecting the nature of Anstalten, and on the other hand they turn up to be the subject of the public property relationship while reflecting the nature of corporation. In the meanwhile, the museum collections, as the physical element of the Anstalten , radiates its dual characteristics of private property right and public property right in terms of real rights structure, and displays the attenuation of the ownership function in contrast with the ownership of the non—museum—collected cultural relics.

目　录

引　言

一、问题的提出

博物馆作为提供公共服务、维护民族文化多样性、传承人类社会文化遗产的公益性文化设施，在服务社会公众的公共文化需求和提高国民素质等方面发挥着独特的作用。近年来，随着国民经济和社会发展的持续进程，我国文博事业进入到快速发展的繁盛时期，博物馆数量持续增加，社会公众对博物馆的需求也在广度和深度上不断拓展。据公开资料显示，截至2013年底，中国大陆地区博物馆总数已达4165座，当年接待观众数量超过6亿人次。[①] 应该说，用供需两旺来形容当前我国博物馆事业的发展现状是比较形象和客观的。

伴随着我国政府职能转变和各项体制改革的逐渐深入，以建设服务型政府为特点的福利行政、给付行政的理念已然形成且日益完善，并在社会治理的法治化实践中越来越多地体现出来。与此同时，在法治视野下，博物馆提供的公益性社会服务作为公民实现宪法所赋予的基本文化权利的途径之一，不仅是

① 新华网：《中国博物馆数量达4165家，参观人数超6亿》，http：//news.xinhuanet.com/politics/2014－05/18/c_1110740690.htm

福利行政在公共文化服务领域的重要体现，而且在立法上也越来越得到相关法律规范的广泛认同，由此也促进了文博法治建设的不断进步。具体来说，我国文博法治建设的成果至少体现在以下三个方面：第一，已基本构建起文博领域的立法体系。在中国特色社会主义法律体系下，以《宪法》为核心，《文物保护法》、《物权法》、《非物质文化遗产保护法》等法律为主体，以《文物保护法实施条例》、《公共文化体育设施条例》、《博物馆条例》等行政法规为指导，以《北京市博物馆条例》、《浙江省文物保护管理条例》等地方性法规为辅助，以《博物馆藏品管理办法》、《文物认定管理暂行办法》等行政规章和其他规范性文件为补充的文博法律体系已初具雏形。第二，在文博法治领域已经形成集行政法、民法、刑法、环境法、经济法、知识产权法等多重部门法调整于一体的综合调整模式。比如在物质文化遗产领域，既强调对公众文化遗产权的公法保护，又注重对财产的私法物权保护；既关注物质文化遗产的公众利用问题，又尊重物质文化遗产物权人的主观意愿。第三，文博法学理论研究不断丰富。一方面，文博法学人才队伍不断壮大。经过多年来的努力和积累，在高校、科研机构、文博单位等部门，陆续成长起一批文博法学工作者，同时也建立了一些专门学术研究和服务机构，比如中国人民大学的文化遗产法研究所、中国文物学会法律专业委员会、中国博物馆协会法律专业委员会等。另一方面，研究深度和广度不断增强。从研究对象看，已经从有形的物质文化遗产扩展到无形的非物质文化遗产；从研究视野看，也从偏重于单一部门法研究转向行政法、民法、刑法等多重部门法的综合研究；从研究内容看，既有对现行实定法的研究，也有与国际热点相结合的前瞻性理论研究，比如对文化遗产权的研究、对博物馆藏品物权的研究等。可以说，博物馆法学作为博物馆学的新兴分支学科，正在萌芽并茁壮成长。

在文博法治进程不断取得成绩的同时，也还存在着许多值得关注和亟待解决的基础法理问题。比如：博物馆法学作为博物馆学的分支还有待进一步纳入到博物馆学的整体学科体系中；博物馆及藏品的法律属性研究有待继续深化和明晰；与博物馆相关的法律关系的性质尚需系统梳理；博物馆法学理论研究成果的时效性、针对性与博物馆实务之间的联系仍需加强；针对博物馆实务中出现的热点问题所进行的理论研究还需在研究广度和深度上继续拓展；文博法律规范与其他领域法律规范之间的协调及衔接仍然存在不少冲突等等。这里不妨列举几类在博物馆实务中较为典型的案例。

1. 博物馆藏品所有权归属纠纷案。1982 年，钱某将两幅家藏古画出售给某博物馆收藏，博物馆支付给钱某 2000 元，钱某收款后出具《收据》，并注明属于自愿出售。2005 年钱某去世。2007 年钱某继承人以博物馆不具有文物收购资格等理由向法院提起诉讼，主张某博物馆的收购行为无效，要求返还原物。[①] 1990 年，湖南省某博物馆收藏了一件商代青铜罍，1991 年，余某以该文物为自己被盗的文物为由，向湖南某市法院提起诉讼，要求博物馆返还该文物。[②] 2007 年，刘某和谢某向法院起诉，诉请辽宁省某市博物馆返还 1977 年从其手中收藏的三件文物。[③]

---

① 沈爱玲：《博物馆收购文物行为法律效力分析》，载《学术论坛》2011 年第 10 期，第 44—48 页。

② 搜狐新闻网：《“夺宝”诉讼战打 16 年，国家文物局也被告上法庭》，http://news.sohu.com/20070508/n249895857_1.shtml

③ 腾讯新闻网：《老两口起诉鞍山博物馆索要“镇馆”元青花瓷罐》，http://news.qq.com/a/20071226/004077.htm

毋庸讳言，在全国各地、各级、各类博物馆日常工作中出现的类似案例对博物馆正常收藏职能的履行造成了不少困惑。在面对此类纠纷时，博物馆收藏文物的行为是否与民间收藏文物的行为在法律性质上完全相同？相关诉讼主体的权利能力和行为能力应如何界定？是否应该完全适用解决所有权纠纷的普通民事诉讼程序？这些问题显然都与博物馆的法律地位、人格属性、责任能力等法理前提有着密不可分的联系。

2. 非法流失的博物馆藏品追索案。1993 年 3 月至 1997 年 8 月及 2001 年 2 月至 2002 年 5 月，李某某在担任承德市文物局外八庙管理处文物保管部副主任、主任和避暑山庄博物院文物保管部副主任期间，多次利用查库等机会进入外八庙文物库，私自将馆藏文物带出文物库，之后以工艺品、文物残件、部件、附件、非馆藏文物或者低等级馆藏文物代替其窃取的馆藏文物，其中，一级文物 5 件，二级文物 56 件，三级文物 58 件，一般文物 101 件，未定级文物 39 件。部分文物被拍卖未能追回。[①] 2015 年 7 月，广州市中级人民法院开庭审理某图书馆原馆长萧某贪污馆藏齐白石、张大千等名人画作案。据指控，萧某在几年时间里，多次利用自己手中掌握图书馆藏品库钥匙的便利条件，将馆藏名画偷偷拿出，花几天时间临摹完成后，将真品拿走，而把临摹的赝品放回藏品库。其中，这些真画有 100 余幅已被其委托拍卖公司卖掉，所得价款 3000 多万元。[②] 此类案例中，在对被告人依法惩处的背后，还涉及一个与博物馆利益密切相

① 朱峰：《承德文物盗窃大案：大盗李海涛被执行死刑》，载“中国法院网”，http：//old. chinacourt. org/public/detail. php？ id=436675

② 凤凰网：《广州美院原图书馆长临摹掉包齐白石名画》，http：//news. ifeng. com/a/20150721/44213725 _ 0. shtm

关的重要问题，即博物馆作为受害人，是否与一般受害人一样只限于获得诸如经济损失赔偿的民事权利？已经被拍卖的藏品的所有权应该如何认定？博物馆或相关部门是否有权对这些藏品依法追索？这些问题的解答显然也与博物馆藏品的法律性质、博物馆的法律主体特性等因素紧密相关。

3. 博物馆资源的特殊利用。多年来，不少博物馆为了解决经费短缺的难题，将本馆部分空间提供给市场主体租用，或者有偿提供用于其他公益和非公益用途，引起了媒体的广泛关注。比如 2011 年，某省博物院将部分房舍租给商户用于经营活动；[①] 2000 年至 2007 年，某博物院将部分空间辟为咖啡馆开展经营服务；[②] 等等。博物馆资源除了向公众提供传统的展览服务和其他公益文化服务等一般利用之外，是否存在博物馆资源的特殊利用？如果存在，那么这种特殊利用的法律性质应该如何界定？这种特殊利用是否具有相应的立法依据以及法理学上的理论支撑？博物馆法人、特殊利用人、社会公众相互之间的法律关系如何？这些显然也是市场经济条件下博物馆发展中所必需面对的现实法律问题，而针对这些问题的合理分析及有效解决，仍然离不开博物馆的法律地位、法人性质、行为能力等法理基础。

在诸多博物馆法学基础理论问题中，如何认识和定位博物馆的法律地位，直接关系到博物馆法学理论体系的科学构建，以及相关立法基于不同利益取向和价值取向的规划和设计。所谓博物馆的法律地位，有学者将其表述为“以法律形式规定的

① 中国新闻网：《某博物院出租馆舍“以馆养馆”年获利 300 万》，http://www.chinanews.com/sh/2011/05-18/3050438.shtml

② 搜狐财经：《星巴克该不该从故宫离开?》，http://business.sohu.com/s2007/starbucks/

博物馆的功能性质及其在与其他社会主体所结成的法律关系中所处的位置”。[①] 从静态上看，博物馆的法律地位反映的是博物馆在既定法律框架内的基本属性；从动态上看，博物馆的法律地位反映的是博物馆基于自身法律属性而在法律关系中所处的地位，以及由此而产生的权利义务关系。

二、相关研究综述

从博物馆的起源和演变史的角度出发，近现代意义上的博物馆首先产生于西方工业革命时期，而有关博物馆法律地位的立法理念和原则，也首先体现在西方国家国内法和国际组织的国际法中。从业务属性来看，博物馆属于非营利性社会服务机构是全世界博物馆学界的共识。从法律人格考察，受不同法律传统和社会制度的影响，则存在着不同认识，但是基本都认可博物馆作为法律关系主体的资格。

在我国，近现代意义上的博物馆法治化实践自西方法学和博物馆学传入伊始就已经出现，民国时期《教育部历史博物馆规程》、《交通博物馆章程》、《中华博物院组织大纲》、《故宫博物院临时组织大纲》等博物馆组织法规范从功能、任务的角度对博物馆的地位作了简单概括。新中国成立后，随着《文物保护法》、《合同法》、《物权法》、《公共文化体育设施条例》、《博物馆条例》等法律法规的颁布和实施，我国博物馆立法体系也逐渐得以建立和完善，并且在许多方面呈现出浓郁的中国特色。

---

① 郝亚钟：《论我国博物馆的法律地位》，载《新世纪博物馆的实践与思考——北京博物馆学会第五届学术会议论文集》，北京燕山出版社，2007 年版，第 288 页。

就博物馆的法律定位而言，2015 年国务院颁布的《博物馆条例》将博物馆定义为："以教育、研究和欣赏为目的，收藏、保护并向公众展示人类活动和自然环境的见证物，经登记管理机关依法登记的非营利组织。"这一定位既与国际社会立法有相似之处，同时也反映了中国博物馆历史传统的特点和国内立法的实际需求。在博物馆法律地位的理论研究方面，李晓东研究员从《文物保护法》的视角对国有博物馆和民办博物馆的法律地位分别进行过概括，指出前者属于"文物收藏单位"，[①] 后者属于"文化类非企业单位"。[②] 黄哲京和李晨先生所著的《博物馆常用合同》一书肯定了博物馆具有从事民事活动的权利能力和行为能力，进而具有相应的民事主体地位，并就博物馆常用合同范例进行了梳理和归纳。[③] 郝亚钟先生的《论我国博物馆的法律地位》基于当时的法律框架对我国博物馆的法律地位进行了较为系统的分析和建设性探索，并指出我国博物馆的法律地位可以从五方面进行归纳：第一，博物馆是收藏、保护、研究、展示人类活动和自然环境的见证物的机构；第二，博物馆是公益性的社会服务机构；第三，博物馆接受文物行政部门的监督管理；第四，博物馆是独立的社团法人；第五，博物馆施行法定代表人负责制的管理模式。[④] 金锦萍副教授基于《博物馆条例》的相关规定，从法律性质的视角将博物馆界定为"承载着特定使命与宗旨的非营利组织"，并从三个层面对博物馆的非营利性进行

---

① 李晓东：《文物保护法概论》，学苑出版社，2002 年版，第 247 页。

② 同上，第 343—344 页。

③ 黄哲京、李晨：《博物馆常用合同》，紫禁城出版社，2010 年版。

④ 郝亚钟：《论我国博物馆的法律地位》，载《新世纪博物馆的实践与思考——北京博物馆学会第五届学术会议论文集》，北京燕山出版社，2007 年版，第 288—291 页。

了诠释。首先，从组织目的来说，博物馆是不以盈利为目的的非营利组织，其宗旨并不是为了获取利润，而是为了实现某种公益或者一定范围内的公益；其次，博物馆不得进行剩余收入（利润）的分配，需遵守“禁止利益分配原则”；最后，博物馆不得将资产以任何形式转变为私人财产，博物馆终止时，其剩余财产不能仿效企业在股东之间分配，只能转交给其他公共部门。并且，博物馆虽然有创办者，但没有所有权人，创办者的所有投入不是投资，而是捐赠。[①] 从这个意义上理解，博物馆作为非营利性组织，具有公益性财团法人的基本特征。王云霞教授在对文化遗产法研究的论述中，也有涉及博物馆法律地位的间接描述，指出博物馆是保护和利用文化遗产的重要力量，属于文化遗产权的权利主体之一。[②]

近年来，行政法学者在对我国公益性组织的法律地位的研究中，从公物法的视角出发，对担负社会公共服务的公益性组织或机构的法律地位有着较为深入的探究。就包括博物馆在内的公益性组织的法律地位而言，本书将其大致概括分为公物说、公物权利人说、公营造物说三种倾向。公物说源自于肖泽晟教授就公物定义所作的论述。他根据大多数学者认同的观点，在对“公物”的定义进行了总结概括时，指出以下这些物体应认定为公物或至少与公物接近：街道、道路、广场……剧院、寺庙、图书馆、博物馆等。[③] 公物说适用于博物馆领域时，其优势

---

① 金锦萍：《漫谈博物馆的“非营利性”》，载《中国文物报》2015年3月10日，第3版。

② 参见王云霞：《论文化遗产权》，载“文化遗产法研究网”，http：//www.cnchl.net/a/yjcg/feiwuzhiwenhuayichandefalvbaohu/2011/0525/2677.html

③ 参见肖泽晟：《公物法研究》，法律出版社，2009年版，第23页。

和缺点都很明显，该说指出了博物馆与其他为社会提供公共服务的机构之间具有的共性，强调了博物馆的功能和价值。但是，公物说在强调博物馆设施重要性的同时，忽视了博物馆的组成要素中的人的因素，容易产生见物不见人的模糊地带。公物权利人说可见于侯宇副教授关于公物利用法律关系的论述中。他从公物利用法律关系的视角出发，对围绕公物的一般利用和特别利用中的法律关系要素进行了归纳，就公物利用法律关系而言，包括博物馆在内的组织属于法律关系主体，表现为公物所有人主体或管理人主体，履行管理、维护公物的权利和义务。[①]公物权利人说将博物馆的法律主体独立了出来，跳出了见物不见人的局限，但是，博物馆作为公物权利人，其所维护的对象与其本身组成要素之间的关系如何，二者在具体的公物利用等法律关系中应如何共存，则还需要进一步探讨。公营造物说以张杰博士为代表。他立足于源自德国行政法中的“公营造物”理论，从公营造物组成要素、创立主体等视角对公营造物的基本法律属性进行了深入剖析，并以物权为切入点，对公营造物的设立、管理、利用中的相关法律关系进行了分析。就博物馆而言，其在形式上是物之手段和人之手段的结合，具有公营造物的特征，属于“可利用公营造物”范畴。[②]

三、研究意义

虽然公物法作为行政法学中的一个分支，近年来才得到一

① 参见侯宇：《行政法视野里的公物利用研究》，清华大学出版社，2011 年版，第 105—120 页。

② 张杰：《公共用公物权研究》，法律出版社，2012 年版，第 41 页。

些学者的关注和深入研究，但是，不可否认，在方兴未艾的公物法研究中，鉴于博物馆与学校、医院、公园等公物在法律属性上存在相似性，以及博物馆在履行社会公共服务职能中具有的特殊属性，在民法、行政法等部门法基础上，从公物法视野全面审视博物馆的法律地位问题，将会拓展针对博物馆法学问题的研究视野，为考察博物馆实务的具体问题提供了新的思维路径，对于正处于快速发展期的我国博物馆整体事业来说，不仅必要，而且可行。具体而言，着眼于公物法视野来研究博物馆法律地位以及相关基础法学问题，至少在以下方面具有理论和现实意义：

首先，有利于拓展研究视野，更加贴近博物馆实务。一般来说，对博物馆法律地位的研究多着眼于对博物馆法律人格的探究，并且多是从民事法律主体的视角来审视博物馆的法律地位。事实上，虽然我国立法明确规定了博物馆的法人资格，但对其法人性质的相关立法解释和配套规范性文件并没有将博物馆法人局限于民事法律关系领域，而是表现出兼跨私法与公法法律关系的特征。比如在博物馆实务中，博物馆在签订民事合同时，体现出民事法人主体地位；而博物馆在征集和收藏藏品行为中，则会兼具民事主体和行政主体特征；博物馆在制定博物馆参观规则、对博物馆资源的利用方式进行管理时，其行政主体的属性体现得愈加明显。不仅如此，博物馆作为提供公共文化服务的场所和平台，在行政主体对博物馆资源进行管理以及公众对博物馆加以利用的过程中，博物馆在许多情形下并不是作为法人出现的，而是体现出场所或物的属性。因此，从公物法视野研究博物馆法律地位的相关问题，显然比单一的民法法人视野更能贴近博物馆实务。

其次，有利于在统一规则前提下，考察所有类型博物馆的共同规律。在现有博物馆立法和实务中，无论国内外都存在对博物馆类型的划分，相关法律制度和规则在不同类型博物馆之间会存在差异。这种差异一方面与国家和地区之间不同的立法传统、立法技术有关，另一方面也与不同的社会经济发展阶段、发展模式、文化传统有着紧密联系。就我国而言，根据博物馆“利用或主要利用”资产所有制性质不同，将博物馆分为国有博物馆和非国有博物馆。尽管立法也明确规定了“在博物馆的设立条件、提供社会服务、规范管理、专业技术职称评定、财税扶持政策等方面，公平对待国有和非国有博物馆”，但仍然会在法人设立登记、藏品调拨等其他领域存在差别对待。与主要着眼于对博物馆的设立进行差异调整的立法设计不同，公物及公物法理论是以对公物利用为出发点所产生和形成的理论基础，为探究不同类型博物馆共有的规律性提供了新的思路。

最后，有利于兼顾私权与公权，为博物馆立法和实践提供可行的学理支撑。近现代博物馆的社会化服务越来越活跃，所承载的公共利益和公法权利也随之越来越受到法律和社会各界的关注。然而，法律在保护公众所享有的文化遗产权得以公平、合理实现的同时，由于博物馆在法律地位上是独立的，其自身所拥有的法人权利同样需要得到尊重和保护。不仅如此，包括博物馆举办人、博物馆观众等参与到博物馆各种法律关系中的主体的权利都需要在一定的法律原则下公正、公平地受到保护。显然，不同法律主体、不同权利性质在具体法律关系中应该如何协调，以保证社会关系的稳定和谐，是立法和司法实践所必需首先要面对的理论和技术前提。现代意义上的公物制度是在公物的公共利益与私权益之间的平衡和协调中形成和发展起来的，并且深刻影响到与公物的设立、管理、利用和救济有关的立法和实践中，而公物法理论中的公共利益与个体利益、公权与私权之间关系的法理基础同样也可以为博物馆领域的立法和实践提供理论参考。

四、研究方法和思路

在前人研究成果基础上，对法治视野下的博物馆研究至少还需要从以下三个方面进一步拓展和深入：其一，研究视角需要从博物馆所涉及的所有法律关系进行宏观考察和综合分析。博物馆在其存续期间，其所参与的法律关系并不是单一的，更不是仅限于民事关系一种，而是可能包含了民事、行政、刑事、诉讼等各种法律关系，与之相对应，博物馆在这些法律关系中的具体表现显然会有所不同，比如博物馆在法律关系中角色的不同、主体性质的区别、客体法律属性的差异等。只有对这些法律关系进行全面分析和考察，才能对博物馆法人在法律关系中的外在表现形式进行整体把握。其二，研究对象需要关注到不同类型博物馆的普遍适用性。与许多国家将博物馆划分为公立博物馆与私立博物馆的做法不同，受所有制经济基础的影响，我国相关立法将博物馆划分为国有博物馆和非国有博物馆，并且，两类博物馆在设立、法律人格取得、权利（力）和义务的承担等方面有着非常大的区别。将两类博物馆置于统一的公物法视野下进行分析和考察，有助于找出博物馆在相同的法律规则面前所应该具有的基本共性，进而在兼顾公权与私权的前提下，提炼出不同类型博物馆所应遵循的通行规则。其三，研究过程需要强调不同学科研究方法的兼容性。博物馆学作为一门专业学科，具有鲜明的学科兼容性，除了与历史学、考古学、民族学、人类学等人文学科有交叉外，在博物馆法学领域，也存在着与法学、经济学、管理学、图书馆学等社会学科的交叉。因此，在研究过程中，需要对博物馆学基本理论、博物馆实践自身发展规律、法学基本理论以及不同学科理论之间的价值取向给予同等和足够的重视，进而对研究方向、研究方法和研究成果的科学性提供保障。

博物馆作为社会现象，在不同文化传统、不同历史发展轨迹的国家和地区，有关博物馆的法律地位、设立、运行、管理等法律规范在不同立法中的表现形式和法理依据有所不同。当然，这些不同更多地表现在表述方式、理论与实践结合的视角等方面，而博物馆所应有的通行规律则应该是贯穿于所有国家、所有类型博物馆之中的。因此，本书的研究思路从以下几方面入手：其一，在实定法层面，以中国现有博物馆实定法为主要法律框架，以其他国家立法和国际法为参考。其二，在博物馆实务层面，充分尊重我国现有博物馆事业的实际情况，在适当界定研究对象的基础上，尽量涵盖到所有类型的博物馆。其三，在法学和博物馆学理论层面，立足于我国博物馆的实际，对行政法中的公物法理论学说加以借鉴。就本书的研究方法而言，包括但不限于以下几种：第一，规范性文件归纳分析法。我国现有博物馆领域的法律规范分散规定在《文物保护法》、《文物保护法实施条例》、《博物馆条例》、《公共文化体育设施条例》、《博物馆管理办法》等法律文件中。需要对其中涉及博物馆法学基础理论的部分加以提炼、归纳、甄别、研究，进而找出不同法律文件所遵循的共同原则以及不同法律文件之间有机衔接的内在因素和可行性。同时对域外法律文件进行同样分析研究，力求厘清不同国家之间、国际博协等国际组织对博物馆的相关规定，并综合分析不同国家之间所遵循的立法原则等基本价值取向。第二，法律关系分析法。将博物馆纳入在不同法律关系的界域考察分析，在具体的法律关系中揭示博物馆的法律地位以及由此产生的深层次法律属性，是对博物馆法律地位问题进行的较为直观的研究方法，并结合前两种研究方法，从多角度考察博物馆法律地位的总体结构。第三，案例分析法。针对近年来我国博物馆领域出现的实际案例，从博物馆所承载的社会责任的角度加以审视和考察，通过对具有代表性案例的分析，找出博物馆在日常运行中带有普遍性和规律性的问题，并围绕这些问题的解决在实定法层面和立法层面找出适当的法理依据。

本书研究内容拟从以下几方面渐次深入：首先，公物法学是近十几年来刚刚兴起的分支学科，其相关理论不仅对博物馆学者来说比较陌生，即使相比于传统行政法理论，也属于学术研究中的荒漠地带，鲜有学者涉及。因此，有必要在对博物馆具体问题进行针对性探讨之前，对公物以及公物法相关基础理论进行概括性介绍，为深入探讨博物馆的法律地位及相关基础法理学问题提供理论准备。其次，博物馆作为有着自身萌芽、产生、发展、成熟规律的文化现象和社会现象，对其在立法上的定义进行比较法分析，是准确把握研究对象的基础。在公物法视野下，通过对博物馆与公营造物构成要素之间的深入对比分析，并结合国内外关于博物馆法律人格的立法实践，进一步梳理博物馆在法律关系中的属性特征。第三，博物馆作为独立法人，会广泛参与到各种法律关系中，这也是博物馆法律地位的重要体现，因此，对博物馆法人制度的研究是本书研究的重点之一。这一部分将对博物馆法人的设立原则、构成要件、法人类型、治理结构、责任形态、责任财产等问题进行系统分析和研究。第四，藏品是博物馆的重要物质基础，对其进行法律属性的分析也应该是研究博物馆法律地位问题不可或缺的组成部分。这部分将从博物馆藏品的定义、基本特征入手，结合国内外立法实践对博物馆藏品的法律定位，对藏品进行公物法上的对位分析。第五，考察博物馆公物法律关系不仅是研究博物馆动态法律地位的必要途径，而且是对博物馆实务中的具体问题加以准确定位、寻找解决思路的有效手段。因此，有必要从博物馆公物法律关系的特征、性质、类型等方面进行探讨。第六，馆藏文物作为博物馆藏品的重要组成部分，有必要对其物权特征进行探讨，并就其物权法律关系中的权利和义务进行深入分析。最后，针对博物馆实务中馆藏文物所有权问题的重要性和社会关注度，从理论研究对博物馆实践的指导意义出发，也将对我国博物馆馆藏文物所有权问题进行较为深入的公物法理学上的探究。

第一章　公物及公物法概述

一、公物

1. "公物"词义辨析

公物，也称公产，是大陆法系行政法学说和司法判例中的专用术语。就词源来说，"公物"对应于德语中的"Öffentliche Sachen"，主要在德国、日本、韩国和我国台湾地区行政法学者中被广为使用；而"公产"则对应于法语中的"Domaine public"，主要为法国立法及行政法学所倡导。此外，英语中虽然也存在"Public domain"的概念，但它与法语中的"Domaine public"相差甚远，其意思是指"国（或州）有土地、（历史上）政府向公众出售的共有地、所有不受传统交易方式限制的国（或州）有土地以及不属于知识产权保护之列或保护期间已届满而不再受保护的知识产权"。[①] 当然，尽管英美法系没有公私法之分，但并不是说英美法系中不存在与大陆法系中公物或公产相对应或类似的概念及理论。实际上，源自于英国普通法的公

---

① Bryan A. Garner ed. Black's Law Dictionary, 8th editon, West, Thomson Business, 1999, p. 1265. 转引自侯宇：《行政法视野里的公物利用研究》，清华大学出版社，2012 年版，第 22 页。

共信托理论即在实践和司法判例中发挥着类似于大陆法系公物制度的作用，其专业词汇为“public trust”。

在我国，学者们就“公物”和“公产”的涵义是否具有同一性，以及应采用哪种称谓还有着不同认识。有学者认为，两个概念在法律内涵上应该是一致的，只是文辞表述上不同而已。[①] 而多数学者认为，两者之间既有差异，又有联系。梁凤云老师指出，物与财产在罗马法上是等同的，着眼于物的视野来研究行政公产，不能满足社会发展的需要。因此主张使用公产的概念。[②] 肖泽晟教授认为，一方面，“从财产权的角度讲，财产权的客体是‘物’，与之对应的私人财产权的客体是‘私物’，而公共财产权的客体则应当是‘公物’”。另一方面，从语义上来说，使用“公产”概念容易与宪法上的“国有财产”、“公共财产”以及“通常所说的包括国有财产和集体财产在内的‘共有财产’相混淆”，因此更倾向于使用“公物”一词。[③] 侯宇教授也认为，公物和公产分别落脚于物和财产两个分属不同法系的概念，大陆法系中的物（res）包括了有体物和无体物，其范围随着时代进步而处于动态扩展中，而英美法系的财产（property）概念不仅包括了大陆法系中物的范围，还包括了与财产有关的权利等内容。同时鉴于我国法律体系与大陆法系之间在相关概念和制度上的联系，因此主张使用公物概念为宜。[④] 张杰博士则认为，公物和公产概念并无实质区别，两者在罗马法上具

---

① 刘志强：《公物及其法律关系基础性研究》，西南政法大学硕士论文，2006年。

② 梁凤云：《行政公产研究》，中国政法大学硕士论文，2001年。

③ 肖泽晟：《公物法研究》，法律出版社，2009年版，第17页。

④ 侯宇：《行政法视野里的公物利用研究》，清华大学出版社，2012年版，第24—25页。

有同源性，并且都是私法意义上的物或财产受到公法规制而演变为公物或公产，在公法上具有同一性。只是由于二者的认识视角和立法风格存在区别，如法国法偏重于财产属性，所以在民法典中使用了财产概念，而德国法偏重于物本身的功能属性，则在民法典中使用了物的概念。同时，鉴于我国《物权法》的立法精神，主张使用公物概念。[①] 本文同意这种观点，并在此认识基础上展开相关研究。

2. 公物的定义

"公物"作为学理上具有特殊物之属性的专门术语，并不完全是随着行政法学理论体系的建立而出现的、纯粹的法律技术创造成果，而是有着自身深厚的历史渊源。罗马法将物划分为财产物和非财产物。财产物是指可以归个人所有并可用来交易的物，如生活用品、生产资料等；非财产物则是不可归个人所有并不可用来交易的物，包括神法物和一部分人法物，如神庙物品、河川、公路、牧场、街道广场等。就作为非财产物的人法物而言，又可以区分为公用物和公有物。古罗马法学家盖尤斯指出："某些物依据自然法是众所共有的，有些是公有的，有些属于团体，有些不属于任何人。"[②] 罗马法虽然是从私法所有权角度对物进行了划分，但是这种国家私物与公物的划分理念后来被大陆法系所继承，并首先发展出法国行政法中较为完善的公产理论。

王名扬先生在其著作《法国行政法》中指出，行政机关为

---

① 张杰：《公共用公物权研究》，法律出版社，2012年版，第35—38页。

② （古罗马）查士丁尼著，张企泰译：《法学总论——法学阶梯》，商务印书馆，1989年版，第48页。

了执行职务，除必须具备法律手段外，还必须具备人的手段和物的手段，后者也即行政主体的财产制度。行政主体的财产包括财政财产和行政财产，其中，财政财产属于纯粹民法调整对象，而行政财产又可分为公产和私产，前者受行政法的支配和行政法院管辖，后者原则上受私法支配和普通法院管辖。[①] 从法律公产制度的历史演变来看，早在 1804 年，《法国民法典》第 537 条至 541 条就首次对公产（domaine public）和私产（domaine privé）做了实定法上的区分。虽然学界对法条中“公产”一词与“国家所有”是否相同还存在不同认识，但公物法学者仍将其视为实证法上区分公产与私产的依据。1833 年，蒲鲁东受民法学理论启发，在其著作《公产论》中对公产理论首次作了系统说明，即政治共同体的财产中有一些是公共的财产，供一般公众使用。这是非生产性财产，受到特殊的保护。由于这些财产供公众使用，在它们的用途没有改变以前不能转让，也不能作为取得时效的标的。政治共同体另外还有一些财产，它们属于共同体所有，正如私人的财产属于私人所有一样。这是私产，是生产性的可以用以谋取利益的财产。[②] 19 世纪后期，蒲鲁东的公产理论被学术界所接受，公产与私产的区分得到了司法判例和成文法的认可。20 世纪初，以莫里斯·奥里乌和莱昂·狄骥为代表的法学家们进一步指出，某项财产是否为公产，并不是只是根据它的性质是否属于公众使用的财产决定，也包括行政主体为了公共利益指定作为公用的财产在内。因此，除供公众直接使用的道路、可航水域等财产以外，供公务使用的

① 王名扬：《法国行政法》，中国政法大学出版社，1989 年版，第 293 页。
② 同上，第 294—295 页。

财产也应该属于公产。公产和私产的区别有时规定在成文法中，但主要是根据法院的判例决定。1957年，法国《国有财产法典》第二条规定，国有财产中，由于本身性质或由于政府指定的用途而不能作为私有财产的属于公产。这种区别私产与公产的标准的合理性由于受到学术界的质疑，并没有被普通法院和行政法院所采纳。司法实践中，法国区别公产与私产的标准主要还是依靠法院判例解决，依据主要是由法国民法改革委员会于“二战”后不久提出的两条标准：一是公众直接使用的财产；二是公务使用的财产，但该财产的自然状态或经过人为的加工以后的状态必须是专门地或主要地适用于公务所要达到的目的。就现代法上的法国公产而言，崔建远教授认为应该是指“直接供公的目的使用之物，并处于国家或其他行政主体所得支配者而言”。①

19世纪末至20世纪初，德国行政法之父奥托·迈耶将法国公产理论引入德国，并在德国民法学说成就基础上发展出德国的公物理论。德国法学理论中的公物是指“为了‘公的目的’使用，经由特定的‘法的行为’取得公法上地位，并由公权力主体支配，进而事实上处于供使用状态之‘财产标的’”。② 其中，狭义上的公物指除财政财产之外，由国家或自治团体直接或间接提供行政目的使用的物，包括行政财产和公共用财产；广义上的公物除了行政财产和公共用财产外，也包括财政财产；更广义上的公物则是在广义公物基础上，还将部分具有公物属性的私人财产也包括在内。

---

① 崔建远：《所有权的蜕变》，http：//www.doc88.com/p—7009835998203.html

② Detterbeck，2002，Rn.961.转引自侯宇：《行政法视野里的公物利用研究》，清华大学出版社，2012年版，第18—19页。

在日本，织田万博士于1909年首次提出“公物”概念，并使之成为与德文Öffentliche Sachen相对应的法学专用词汇。并指出德国法中的行政财产与财政财产的区别相当于法国法中公产与私产的区别。佐佐木惣一认为，公物既包括道路、河川等无须许可即可共同使用的狭义公物，也包括国立学校、图书馆等通过适用契约或强制手段而使用的法律上的一般使用物。[①] 此后，美浓部达吉将公物定义为：“公物，是指国家或者公共团体直接为了公共目的而提供使用的有体物。”[②] 公物理论不仅在日本学术界有着广泛的影响力，而且在实定法和司法判例中也形成了完善的法律规范体系，只是这种公物法律规范并没有以统一的公物法典形式表现出来，而是分散规定于诸如河川法、博物馆法等具体类型的公物法律规范中。

在我国，民国时期法学家范扬先生从广义和狭义上对公物进行了界定，广义公物泛指国家或自治团体，直接或间接为达行政目的，所必要之一切财产，包括财政财产、行政财产及公共用财产；而狭义公物则单指公用物。[③] 在我国台湾地区的公物法研究中，存在着最广义公物、广义公物和狭义公物之分。其中，最广义公物指国家或自治团体直接或间接为达行政目的所管理、经营或控制的一切财产，包括财政财产、行政财产和公共用财产。广义公物是指不以所有权为限，而由行政主体直接供行政目的之用的财产，包括行政财产和公共用财产。狭义公

---

① （日）广冈隆：《公物理论的省察》；转引自侯宇：《行政法视野里的公物利用研究》，清华大学出版社，2012年版，第20页。

② （日）美浓部达吉：《日本行政法》（下卷），第776页，1940年；转引自侯宇：《行政法视野里的公物利用研究》，清华大学出版社，2012年版，第20页。

③ 范扬：《行政法总论》，中国方正出版社，2005年，第136—137页；转引自张杰：《公共用公物权研究》，法律出版社，2012年版，第24页。

物是指行政机关为了实现行政任务所提供的供人民通常利用或特别利用的公共用财产，这也是目前台湾学界普遍采用的公物界定标准，其比较权威的定义表述为：“经由提供公用，直接用以达成特定公目的，应适用行政法之特别规制，而受行政机关公权力支配之物。”① 大陆公物法学者自 20 世纪 90 年代以来，对公物定义有过不同的表述。梁凤云老师认为：“行政公产（公物）是指由行政主体为了提供公用而所有或管领的财产。”② 肖泽晟教授认为：“公物是指这样的物品，或者服务于行政活动（比如办公大楼），或者是供公众无须许可（比如街道、道路、广场），或者根据特定许可（比如学校、高等学府）使用。这些物有一个共同特点，即他们的目的都是直接服务于公众。”③ 本书即采用这一定义。

3. 公物的基本属性

虽然中外学者对公物定义有着不同的表述，但是都包含了三方面基本属性。

第一，公物以公用为目的。提供公用是公物的核心属性。从公用主体来看，包括公众利用和行政公务利用。公众利用是公物设置的直接目的，这部分公物也被称为公众用公物；行政公物活动利用是为了保证行政主体在履行其公共服务职能时所必需的行政之物的手段，其最终目的也是为了服务于公众，这部分公物也被称为公务用公物。从公用的性质来看，应该是公共利益为公物提供服务的界限。公共利益的概念源自于公法，

---

① 陈敏：《行政法总论》，台北三民书局，2000 年版，第 901 页。

② 梁凤云：《行政公产研究》，中国政法大学硕士论文，2001 年。

③ 肖泽晟：《公物法研究》，法律出版社，2009 年版，第 23 页。

并在宪法和行政法意义上被视为具有社会公共意志的法律价值取向而被广泛应用于立法和司法实践中。不过，公共利益毕竟是一个抽象的法律概念，在实际应用中需要与其所处的社会现状相结合。相同的行政行为在不同地区和不同历史阶段，其公共利益的属性也可能存在不同，因此也会出现滥用和泛化公共利益概念的情形。因此，不少学者对公法中的公共利益从不同层面和不同角度进行了明确和限制。张杰博士认为，就公共用公物的目的来说，应该用公共福利取代公共利益的概念。一方面，公共福利是公物法视野下对公共利益的具体化，可以避免公共利益概念外延宽泛的弊端。另一方面，公共福利所体现的是公众自由、充分使用公物的权利，有利于明确国家义务。①

第二，公物应由行政主体提供或管理。行政主体是否必须对公物拥有所有权，在不同国家有着不同的实践和认识。在法国，由于存在行政法上公所有权的概念，因此要求公产必须是国家所有的财产。在德国，其公物所有权属于民法上的所有权，行政主体只是基于公共服务职能而对其行使支配权，从而使得民法上的物成为了行政法上的公物。因此，传统公物法学说主张政府仅应当对公物拥有支配权。即对于某一公物而言，其所有权适用民法调整，而支配权适用行政法调整。在更广泛范围内，随着社会公众对公物持续增加的需求与政府公物资源不足的矛盾日益凸显，在公共治理行政理念以及公法私法化浪潮的影响下，政府一方面为了弥补自身资源不足，同时也为了发挥私人资源优势，公私合作、甚至纯粹建立在私人公物所有权基础上的公物得到了快速发展，并且愈来愈成为政府提供公共服

---

① 张杰：《公共用公物权研究》，法律出版社，2012 年版，第 28—30 页。

务的重要方式。

第三，公物受到公法与私法的共同调整。公物的设立、管理、利用，既会受到私法调整，也会受到公法调整。在私法层面上，公物主要基于其所具有的财产价值而受到民事法律规范的调整。在公法层面上，公物主要基于其所具有的公共利用价值而受到公法调整。比如博物馆从文物商店、拍卖公司购买文物时，即属于平等民事主体之间的合同行为，受到私法调整；而当该文物正式入藏后，登记入博物馆藏品总账并依法备案的行为则属于行政行为，需要受到公法调整。

4. 公物的法律效力

被认定为公物的法律效力主要体现在以下几方面：第一，不可让渡。公物的不可让渡是指不得自由转让和交易，自由转让和交易是私物财产权的体现，是具体物权人对特定物的直接支配和处置，如果任由私法物权对公物的状态形成冲击或干扰，将会严重影响公物的直接提供公共利用的公益性目的，因此理应受到公物法的约束。不过，公物的不可让渡并不是绝对的，在没有对公共利益造成危害的前提下，也是可以依法转让的。比如建构在私法物权基础上的“德国公物法的二元化模式”以及日本公物理论都给予公物的所有权交易以相当大的自主空间。第二，不受时效限制。公物不受时效限制，主要是针对民法占有制度中的取得时效而言的。如果公物与私物一样适用取得时效，将会直接危及公物状态的存在。比如被盗的博物馆藏品如果适用取得时效制度，不仅会导致私法上博物馆藏品所有权的改变，更重要的是侵犯了其所承载的公众利益，从而造成侵犯公权力的法律后果。这显然超越了私法所能调整的社会关系范畴，因而必须受到公法的特殊保护。第三，不得作为民事担保和强制执行的标的。公物如果作为担保和强制执行的标的，很容易被非法私物化，通过扣押、拍卖等方式影响其公物状态的稳定。这一点在《担保法》和其他实定法中都有不同程度的体现。

二、公营造物

1. 公营造物的定义和特征

公物在提供公用的过程中，有些公物是独立存在的，利用人可以在利用规则前提下自主利用，比如人们可以在遵守交通规则前提下利用街道、公路、河道通行，可以以合法方式利用城市广场，可以在承重限度内通过桥梁等等。与之相比，有些公物则是与人力资源共同存在的，利用人需要在充分发挥人力资源作用的前提下才能实现对公物符合本来目的的使用，学理上将这类特殊的公物谓之为"公营造物"。

公营造物（Anstalt）的概念由德国行政法之父奥托·迈耶首创，是指为持续履行特定的公共目的，由行政主体掌握的一个人与物相结合的公法上的组织体。[①] 德国行政法上的公营造物不仅具有物的属性，也是公法人的一种类型。在法国，与公营造物相对应的概念为公共设施或公共机构（les establissements public)、"公立公益机构"，王名扬先生将其译为"公务法人"，是指"法律规定某种公务脱离一般行政组织，具有独立的管理

① 张杰：《公共用公物权研究》，法律出版社，2012 年版，第 41 页。

机构和法律人格，能够享权利、负义务的公务组织”。[①] 公务法人也同样是法国公法人的一种特殊类型，其用于公务活动的财产性质不属于民法上的私产，而是属于法国行政法上的公产。日本公物法学者习惯将公营造物译为公共设施，指行政主体提供公共使用的人和物的设施的总体，如学校、医院、保健院、博物馆等。[②] 就公营造物属性而言，美浓部达吉和吉田万先生将公营造物视为与“公用企业法人”相等同的概念。[③] 我国台湾地区的学者则认为，公营造物在中文语义上，既不明白所“营造”者为何事，也容易引起见“物”不见“人”的误解，因此，有学者将其称为“公法事业机构”、“特定目的事业机构”等。其定义为“依公法而成立，由某些物（设备设施）及人（管理机构成员）来组成，以持续性的方式来达成某些特定的目的，如公立学校、博物馆、公园、公立医院等”。[④] 我国大陆有学者认为我国“事业单位”与公营造物相对应，也有学者认为应该引入法国的公务法人概念，还有学者认为在我国具有中国特色的法律体系下，照搬国外概念会存在水土不服的弊端，而且随着行政体制改革下政府职能转变以及民间力量在社会公共服务中发挥的作用越来越突出，公营造物的范围早已突破了事业单位的局限。可见，公营造物是一个不断演变和发展着的行政法上的动态概念，不过，在对公营造物的认识上，可以从如下几方面加以综合把握。

---

① 王名扬：《法国行政法》，中国政法大学出版社，1989 年版，第 120 页。

② 杨建顺：《日本行政法通论》，中国法制出版社，1998 年版，第 330 页。

③ 张杰：《公共用公物权研究》，法律出版社，2012 年版，第 43 页。

④ 陈新民：《行政法学总论》，三民书局，1997 年版，第 109 页；转引自张杰：《公共用公物权研究》，法律出版社，2012 年版，第 42 页。

第一，公营造物是特定物与特定人结合的组织体。一般而言，组成公营造物的特定物本身即为公物，具有公物的固有法律属性，而特定人主要是指公营造物内部管理机构的人力资源。在公营造物中，物与人是一种密不可分的关系，离开了物，人的智力资源则失去承载的依托，离开了人，物的效用则难以发挥，两者缺一即无法达成公营造物所追求的目的，这也是公营造物与公物最主要区别所在。比如，医院的医疗设施需要在医生的专业操作下才能为患者提供服务，学校教学设施需要教师根据教学内容选择利用才能为学生提供本来目的的利用，图书馆的藏书、博物馆的藏品也需要在专业人员的参与下才能满足利用人的公共利用需求等等。与之不同的是，虽然公路、街道、公园等公物也需要养路工人、清洁工、警察等人员，但这种人力资源在提供公用中所起的是一种辅助作用，人与物的分离并不会直接影响到公用目的的达成。

第二，公营造物需依法由行政主体设立或管理。公营造物由于涉及范围广泛的公众利益，故其设立活动需要依法进行。一方面，设立人应该具有法律所规定的公营造物设立权；另一方面，设立人设立公营造物的条件和程序还须符合法律的规定。行政主体对公营造物管理并不意味着公营造物必然由行政主体设立，也不意味着行政主体对公营造物中的物必然拥有民法上的所有权。在不同的国家或不同历史阶段，行政主体对公营造物的管理既可能是单一的，比如公营造物全部由行政主体设立，也可能是多元的，比如公营造物既包括行政主体设立的，也包括由公私合作方式设立的，还包括由私人单独设立的。在区分公私法的传统大陆法系国家，由国家和地方自治团体设立的公立医院、公立学校、公立博物馆、公立图书馆等属于典型意义上的公营造物，行政主体基于对物的民法所有权对这些公营造物进行拥有相应权利（力）。此外，在一些国家的公营造物设立上，还存在着具有慈善机构、基金会性质的财团法人设立的公营造物，行政主体虽然不能基于对公物的民法所有权对其进行管理，但仍然拥有公法上的管理权，以履行国家所担负的行政义务。与此同时，随着公法与私法的相互融合，公法私法化的理念在行政法的私法化上表现得更为明显。在行政主体为社会提供公物公用的公共服务上，由于社会公众对公共服务事业持续扩大的需求与行政主体自身所拥有公物资源的局限之间存在的供需矛盾，促使非行政主体成为公营造物设立的主体，而代表国家和社会公众利益的行政主体则通过统一规划和行政许可、行政确认、行政合同、行政处罚等行政手段保证对公营造物的依法管理。

第三，公营造物的目的是提供持续性的公益服务。与公物的公用目的一致，公营造物也是以提供公益服务为目的。从公营造物的类型来看，可以分为公众不可利用的公营造物和公众可利用的公营造物，前者如军事设施、监狱等，后者如博物馆、美术馆、医院等，其中，后者也被称为公共营造物。[①] 就其中的公共营造物设立目的而言，张杰博士将其归纳为四类：一是以增进人民精神上之利益为目的；二是以增进人民身体之利益为目的；三是以增进人民经济上之利益为目的；四是以社会救济为目的。[②] 也有学者则将其公共营造物的目的分为五类：一是服务性目的；二是文化教育研究性目的；三是保育性目的；四是

① 张杰：《公共用公物权研究》，法律出版社，2012 年版，第 41 页。

② 乔育彬：《行政组织法》，“中华民国”公共行政学会，1994 年版，第 300 页。张杰：《公共用公物权研究》，法律出版社，2012 年版，第 44 页。

民俗性目的；五是营业性目的。[①] 从公营造物提供公益服务的持续性来看，公营造物应该是“行政主体为遂行一定目的而继续提供之人与物的综合体”,[②] 而不能是“临时性之事业”。从与行政法意义上的政府管理法律关系来看，公营造物为公众提供公用的作用还在于延伸政府的行政服务职能，同时也相应地享有公法上的部分权利（力），因此所承担的社会责任也不同于私法人主体，这也要求公营造物具有稳定性和持续性。这或许正是国际博物馆协会章程在对博物馆进行定义的不断演变中，始终保留着“永久性机构”或“常设机构”表述的重要原因。

2. 公物与公营造物的关系

公物与公营造物的关系密不可分，公物是公营造物的物质基础，同时公营造物也是公物的一种特殊形态。日本的相关立法往往将公营造物视为公物的一种,[③] 德国则是将公物与公营造物统一纳入到公共设施的范畴。

一方面，如前所述，公物通常是公营造物中物的因素，与人的因素一起发挥公营造物的公用职能。公营造物是特定物与特定人的组合，其中的特定物往往即是公物，没有这些公物，公营造物就失去了自身所必需的物质基础。因此，从微观上来说，没有公物，也不会有公营造物。当然，公营造物所提供的

---

① 李慧宗：《行政法要义》，五南图书出版股份有限公司，2000 年版，第 256—267 页；转引自张杰：《公共用公物权研究》，法律出版社，2012 年版，第 44 页。

② 笔者注：此为我国台湾地区学者林纪东先生观点。转引自张杰：《公共用公物权研究》，法律出版社，2012 年版，第 43 页。

③ 冯毅：《公营造物基本问题解析》，载《江西行政学院学报》，2011 年 11 月，第 67 页。

公益性服务虽然离不开特定物的物质支撑，但其所提供服务的范围并不局限于特定物本身，事实上，许多公营造物所提供公益性服务的范围要远远大于作为公营造物组成要素的具体公物本身。比如，医院提供的医疗服务并不是以患者使用医疗场所和设备为目的，而是借助医疗设备来达到检查、治疗的目的。再比如，博物馆提供的公共文化服务并不是仅仅限于观众对藏品的参观、欣赏，还包括了基于藏品开发的相关文博产业服务，以及学术性很强的研究服务和某些带有娱乐性质的休闲服务等。

另一方面，在公物的类型划分上，公营造物也属于广义公物的一种特殊类型，许多公营造物本身就是典型的公物。就公物的定义而言，广义上的公物包括了所有行政主体管领并提供公众服务的单独物以及物的集合，同时也包括了具有公物属性的机构，而这些机构的性质则具有公营造物的基本特征。一般来说，街道、公路与学校、福利院等都属于公物范畴。区别在于，养路工、清洁工、交通警察等人员主要对公路、街道等公物进行管理以保证公物处于正常利用状态，而公物利用人在利用公物时，并不需要这些人力资源的帮助即可自行对公物进行符合公物本来目的的、非排他性的利用；与之不同的是，教师、护理人员不仅是管理学校、福利院的管理人员，更是保证学校、福利院处于正常利用状态所不可缺少的组成要素，学生不可能在没有教师的情况自行利用教室、课本来达到接受教育的目的，孤儿、老人也不可能在没有护理人员的帮助下自行利用福利院设施来完成对自己的照料，显然，这些公物利用人要想实现对公物本来目的的利用离不开人力资源的密切配合。对于前者来说，街道、公路属于典型的单独存在的公物，而对于后者来说，虽然被特殊冠以公营造物的名称，但其仍然属于广义公物的一部分，只是在教学设施、福利设施等公物基础上附加了人的要素，在加强和完善公物结构的同时，也更大限度地拓展了公物的公益内涵，其整体性质仍然属于公物范畴，并不能因公营造物的独立命名而否认其固有的公物属性。

三、公物法

1. 定义与特征

就公物法的定义而言，有狭义和广义上的区分。狭义公物法是指以具体法律规范文件为表现形式的公物法典。由于公物的种类繁多，并且不同种类的公物在性质、特征、功能等许多方面都存在差异，因此，各国立法中几乎没有以《公物法》命名的统一法典，而是就调整的不同对象分别进行立法。比如我国的《公共文化体育设施条例》、《博物馆条例》、《医疗机构管理条例》等等。广义公物法是指除了狭义公物法之外，还包括所有调整公物法律关系的其他法律规范。比如涉及公物设置许可的《行政许可法》、涉及公物行政管理的《行政处罚法》、涉及公物所有权关系的《物权法》等等。就公物法概念而言，肖泽晟教授从学理上将其界定为："有关公物的设置、公物使用及管理的法律规范的总称。"[①] 具体来说，公物法在调整与公物的设置、管理、使用相关的社会关系的过程中，体现出以下几方面基本特征。

① 肖泽晟：《公物法研究》，法律出版社，2009 年版，第 336 页。

其一，调整客体的多样性。

公物法的调整客体是公物，而公物的表现形态是千差万别的。一般而言，被认定为公物或至少与公物接近的客体包括：街道、道路、广场、河流（天然的或人工的、地面上的或地下的）、路灯、航标、绿化设施、体育设施、游乐场、学校、医院、养老院、铁路、电信设施、广播设施、行政大楼、港口、公园、剧院、寺庙、图书馆、博物馆等。[①] 不难看出，这些公物作为法律调整的客体，各自都有着自身的性质、特点和运行规则，很难按照相同的模式设置、管理和使用。

当然，客体的多样性并不是必然导致公物法在统一法律调整上的无所适从。尽管不同公物之间存在着这样那样的固有差别，但在提供公用的目的上是一致的。公物法正是基于社会公益性的价值取向，对不同的公物客体在其提供公用的相关行为中发挥作用的。也就是说，公物法调整不同客体的着力点是公物在提供社会公共服务上所共有的规律性。

其二，以保障公用为目的。

公物的最核心特征是公用，公物法调整公物的目的正是为了保障公物的公用职能得到持续、合理的发挥。为了实现此目的，公物法对公物的调整贯穿于公物的设置、管理、利用和救济等许多领域。首先，公物法通过对公物设置法律关系的调整来保障公物设置的合法性和合理性。公物设置是公物发挥公用的基础，没有法律意义上的公物，也就谈不上公物公用。在公物法所调整的公物设置活动中，不仅涉及宏观上的公物设置规

① 任尚峰：《公物制度研究》，山西大学硕士论文，2007 年；另参见肖泽晟：《公物法研究》，法律出版社，2009 年版，第 23 页。

划，如在一定地域范围和一段历史发展时期，文化设施的种类、位置分布、规模等级等都需要符合统一的规划；而且更多地涉及对特定公物的微观设置和命名，如哪些物可以被设置为公物、由谁设置、设置标准、设置程序等。其次，就公物管理来说，公物法所调整的公物管理行为包含有行政主体对公物的具体行政管理行为和其他公物主体对公物的维护、养护、研究、开发等管理行为。前者如行政主体对公物活动中的许可、确认、行政合同、处罚等；后者如道班对公路的养护和维修、博物馆对藏品的保护和展陈、图书馆对藏书的保护和借阅服务、医院对医疗设施的维护和利用、绿化队对园林的栽培和维护等等。再次，公物法通过对公物利用法律关系的调整来保证符合公物本来目的的利用。一方面，在大多数情况下，公物提供者、管理者相比于利用人往往处于主动性更强的优势地位，就保障利用人对公物的利用而言，无论立足于反射利益观点的视角，还是权利观点的视角，都需要公物法对其予以保障才能实现。另一方面，利用人只有符合公物本来目的利用才能受到公物法的保护，超出公物本来目的的非法利用则会受到公物法的限制。最后，在公物的设置、管理、利用行为中，当相关权利（力）受到侵害时，公物法也需要提供相应的保障机制来保障公物整体法律关系的稳定和平衡。救济是权利的保障，得不到法律救济的权利是虚假的。公物救济制度除了常见的当事人协商、申诉、仲裁、诉讼等途径之外，公益诉讼在公物救济中扮演着重要角色，比如我国在环境保护领域即有公益诉讼的相应立法和司法实践。在文化遗产保护领域，无论是学术研究和立法活动，[①] 还是在司法实践中也都有着积极的探索。[②]

其三，调整方式的综合性。

公物与人们的日常生活息息相关，所涉及的法律关系也纷繁复杂，这也决定了公物法的调整方式并不是单一的，而是具有综合性特征。公物法调整方式的综合性是从两个层面表现出来的：一是公物是多重法律关系的客体。公物在设置、管理和利用所形成的法律关系中，有时候是行政法律关系的客体，受到行政管理方式调整，比如公物的命名、撤销等行政许可；有时候也可以作为民事法律关系客体出现，受到民事行为规则调整，比如公物所有权的转移、公物特许利用中的经营行为等；有时候还可以作为其他法律关系客体出现，受到其他行为规则调整，比如公物的刑事侵权行为、环境侵权行为等。二是公物的多重调整方式之间并不是截然分开的，而是相互融合相互依存的关系。首先，公物是行政管理中物的手段，属于行政法意义上物的范畴，必然受到行政法的调整。其次，公物作为行政物的手段，需要在法定范围内充分发挥物的作用，而要发挥物的作用，围绕物的物上权利进行法律规范上的设计和调整也就成为了公物法调整的基础。在现代法律制度体系下，任何公物都需要建立在所有权基础之上，也就是说，无论公物被设置为何种公用，都离不开民法意义上物的支撑，因此也会受到民法的调整。再次，多重调整方式是在保障和协调公物公共利益与

---

① 参见刘勇：《应将文物保护公益诉讼制度纳入法律范畴》，http：//www. ce. cn/culture/gd/201405/01/t20140501 _ 2747620. shtml

② 参见何勇海：《首起“文物保护公益诉讼”的启示》，http：//www. gtzyb. com/pinglun/20151103 _ 90239. shtml

私人权益之间平衡的过程中，通过遵循统一的公物法原则而紧密结合、相互交融在一起的。比如，在公物所有权的不同理论学说和实践中，德国将公物所有权制度建立在基于民法意义上的修正的公物所有权理论基础之上，当公物涉及所有权关系时，在不损害公物公用前提下，主要适用民法调整。法国的行政法理论和立法体系中，则是将民法中的所有权理论引入行政法中，创设出行政法上所有权的概念，即法国行政主体的财产被区分为财政财产和行政财产，其中，财政财产所有权属于民法意义上的所有权，而行政公产所有权则属于行政法意义上的所有权。

2. 性质与定位

虽然公物具有多样性，且相应的法律调整方式也呈现出交叉性特征，但就公物法性质而言，仍然应该属于行政部门法的范畴。这是因为：一方面，公物法所调整的对象是行政主体在设置、管理公物以及公物利用的过程中所形成的各种社会关系，[①] 其所对应的法律关系则属于公物法律关系。在公物法律关系中，行政主体、利用人、其他利害关系人是法律关系主体，公物为法律关系客体，因公物设置、管理、利用、救济产生的权利（力）与义务则构成公物法律关系的内容。虽然公物本身作为民法上的物或财产，表现出民法意义上物的属性，但围绕其设置和管理、利用的社会关系则是属于行政法律关系范畴。另一方面，从公物法的历史演变的角度来看，公物法是行政法中存在了很久的概念，属于行政部门法学中的专业术语。字面上理解，行政法意义上的公物是指公用之物，而民法意义上的

---

① 肖泽晟：《公物法研究》，法律出版社，2009 年版，第 336 页。

公物是指公有之物，两者意思迥然有别。虽然公用物和公有物都源自于古罗马法，但正如行政法与民法都源自于古罗马法一样，在法律所调整对象与调整方式相互匹配的过程中，基于合理、高效、可行等立法价值追求，公用物和公有物也分别被行政法和民法所吸收并在历史进程中得到更深意义上的演变，并且伴随着法国行政法理论和立法体系的建立而成为公认的近现代行政法上的通用术语。

关于公物法在行政部门法中的定位，肖泽晟教授指出其兼具行政组织法、给付行政法、经济行政法、环境法、人权保障法、公共设施法等多重特征。[①] 一般认为，现代行政部门法的分类包括行政组织法、行政行为法和行政诉讼法。其中，公务员法作为人的手段而被归属于行政组织法范畴，与之相对应的作为物的手段的公物法通常也被视为行政组织法的一部分。毫无疑问，将公物法定位于行政组织法范畴是合理的，不过，由于公物的目的是提供公用，其所产生的法律关系包括了公物设置法律关系、公物管理法律关系、公物利用法律关系和公物救济法律关系，既有与公务员法所产生的法律关系想对应的一面，同时也存在超出公务员法所产生的法律关系的领域，而表现出更加明显的动态性和广博性，而体现出行政行为法、行政诉讼法的典型特征。比如公物管理中出现的大量的行政许可、行政确认、行政处罚法律关系，公物利用中的行政诉讼法律关系等。因此，本文认为，公物法首先是行政组织法，同时兼有行政行为法和行政诉讼法的属性，从而表现出综合性的行政法特征。

当然，强调公物法的行政法定位，并不是排斥民法、刑法、

---

① 肖泽晟：《公物法研究》，法律出版社，2009 年版，第 336—339 页。

经济法、环境法、知识产权法等对公物的调整作用，而是明确了公物法对公物的调整是以行政法调整为主，以其他部门法规范调整为辅的特性。公物提供公用源自于政府所承担的义务，无论是公物的设置、管理，行政主体始终作为公共利益的代言人发挥着不可替代的作用，相应的法律关系必然需要行政法调整。同时，法律对公物的调整重点虽然在于公物的公用，但是公物在提供公用时，相关民法物权并没有消失，显然，其相应的民事法律关系只有在与公物公用目的不相矛盾的基础上由民法调整，才能协调和平衡好保护民事主体合法权益与保障公众公用之间的共存关系。

3. 原则与渊源

公物法原则既是对相关实定法所体现的立法原则的总结，也是未来公物立法中所应遵循的基本原则，同时也应该在相关司法解释和司法实践中发挥指导作用。关于公物法原则，学者们也有各自看法，笔者认为，公物法原则至少应该包含以下两方面的内涵：一是公物法应保障公物符合本来目的的公用。如上所述，符合公物本来目的的公用是设置公物的目的所在，无论哪种公物，采用何种调整方式，都应该以保障公物符合本来目的的公用为基本总则，否则就偏离了公物法的立法初衷。二是公物法应保障公共利益（公共福利①）与私人合法权益之间的平衡。公共利益是宪法和行政法着重强调的价值取向，通常也作为行政裁量权的考量内容。由于公共利益是非常抽象的概念，

---

① 笔者注：张杰博士认为“公共利益说”有泛化和不容易把握的弊端，主张“公共福利说”。参见张杰：《公共用公物权研究》，法律出版社，2012 年版，第 1—2 页。

很容易存在泛化和任意解释的弊端，进而以公共利益之名行侵害私人合法权益之实。因此，公物法在保障公共利益的同时，也需要保障合法存在的私人权益，从而维持公益与私益的良性互动，促进公益事业的健康可持续发展。

如前所述，在公物法领域，由于公物主要是司法判例和法理学说上的用语，其法律渊源在判例法、习惯法上体现得比较明显，而在成文法上很少有以公物法命名的法典式的公物立法文件，其公物法规则多体现在不同层级、不同领域的相关立法文件中。这是因为：其一，公物的种类繁多、形式各异、性质有别，每一类公物都具有很强的专业性，如果将其纳入统一法典中，在立法技术上很难协调不同公物之间的专业要求。其二，公物法作为某一法域法律规范的泛指，并不会影响其应有的法律地位和法制精神。其三，公物法作为法学术语，没有必要与实定法一一对应，只要能在法律适用、诉讼管辖等领域通过相应的实定法体现出公物规范的基本原则，也就能体现出公物法律规范的社会价值。在我国，并不存在判例法和习惯法渊源，公物法渊源主要体现的成文法中，具体可以从以下几方面来认识。

第一，宪法

宪法规定了我国的国体和政体，并对在社会主义制度下公民的基本权利作了相关规定。比如公民的言论、出版、集会、结社、游行、示威等自由，受教育权、健康权、文化权、获得救助等基本权利。为了让公民能够实际享有和真正实现这些基本权利，宪法还规定了国家应该承担的具体保障义务。比如在保障公民受教育权方面，《宪法》第十九条规定：国家举办各种学校，普及初等义务教育，发展中等教育、职业教育和高等教育，并且发展学前教育。国家发展各种教育设施，扫除文盲，对工人、农民、国家工作人员和其他劳动者进行政治、文化、科学、技术、业务的教育，鼓励自学成才。国家鼓励集体经济组织、国家企业事业组织和其他社会力量依照法律规定举办各种教育事业。在保障公民的健康权方面，第二十一条规定：国家发展医疗卫生事业，发展现代医药和我国传统医药，鼓励和支持农村集体经济组织、国家企业事业组织和街道组织举办各种医疗卫生设施，开展群众性的卫生活动，保护人民健康。国家发展体育事业，开展群众性的体育活动，增强人民体质。在保障公民的文化权方面，第二十二条规定：国家发展为人民服务、为社会主义服务的文学艺术事业、新闻广播电视事业、出版发行事业、图书馆博物馆文化馆和其他文化事业，开展群众性的文化活动。国家保护名胜古迹、珍贵文物和其他重要历史文化遗产。可以看出，宪法所规定的举办教育、卫生、文化等设施的规定，即属于设置公营造物的立法范畴。

第二，法律

全国人民代表大会及其常务委员会制定的法律是公物法的重要渊源。《民法通则》、《物权法》等民事立法对公物的所有权规则、公营造物的法人制度等基本问题做了规定；《行政许可法》、《行政处罚法》、《国家赔偿法》等行政立法对公物设置、管理、利用中的具体行为进行了规制；《民事诉讼法》、《行政诉讼法》等对公物救济程序作了规定。除此之外，《环境保护法》、《文物保护法》、《道路交通安全法》、《信托法》、《水法》、《公路法》、《红十字会法》、《军事设施法》等法律就不同种类的公物在设置、管理、使用方面都有着具体规定。

第三，行政法规

由于行政法规在立法方面具有较强的针对性和指导性，现阶段行政法规是公物法的重要渊源。比如，与法律相配套的行政法规有《教育法实施细则》、《文物保护法实施细则》等；关于公物管理的综合性行政法规有《公共文化体育设施管理条例》、《事业单位登记管理条例》、《民办非事业单位登记管理条例》、《国有土地上房屋征收与补偿条例》等；规范具体公物的行政法规有《博物馆条例》、《城市道路管理条例》、《医疗机构管理条例》、《医疗器械监督管理条例》、《城市绿化条例》、《国内水路运输管理条例》等。

第四，地方性法规

地方性法规是各地方立法机关根据本地实际，在不违背上位法立法精神的前提下制定的在一定区域范围实施的规范性文件。与公物法相关的比如《北京市博物馆条例》、《上海市环境保护条例》、《重庆市河道管理条例》、《海南省城镇园林绿化条例》、《福建省风景名胜区条例》、《黑龙江省文物管理条例》、《吉林省民用机场管理条例》等。

第五，国务院部门规章、地方性规章及其他规范性文件

针对公物的专业性和地域性来说，国务院部门规章主要是对公物实行行业管理，地方性规章则主要是对公物实行属地管理。比如国务院部门规章有：《国家级风景名胜区规划编制审批办法》、《国内水路运输管理规定》、《普通高等学校理事会规程（试行）》、《公安机关强制隔离戒毒所管理办法》、《港口经营管理规定》、《世界文化遗产保护管理办法》、《文物进出境审核管理办法》等；地方性规章有：《天津市机动车停车管理办法》、《福建省水利风景区管理办法》、《重庆市抗日战争遗址保护利用办法》、《辽宁省公墓管理办法》、《四川省电梯安全监督管理办法》、《青海省广播电视设施保护办法》、《江苏省电信设施建设

与保护办法》、《无锡市公园管理办法》等。

第六，国际公约

我国加入的国际公约也是公物法的渊源之一。比如《保护世界文化和自然遗产公约》、《武装冲突情况下保护文化财产议定书》、《保护工业产权的巴黎公约》、《伯尔尼保护文学和艺术作品公约》、《经济、社会、文化权利国际公约》、《统一船舶碰撞某些法律规定的国际公约》、《历史园林保护宪章（佛罗伦萨宪章）》、《关于保护景观和遗址的风貌与特性的建议》、《国际博物馆协会章程》等。

第二章　博物馆的双重法律属性

一、博物馆的界定

1. 博物馆定义的历史演变

从历史发展的眼光看，在世界范围内，博物馆是存在了很久的文化现象和社会现象。苏东海先生将博物馆的演变史分为了四个历史阶段：一是公元前四五世纪至十六七世纪的古代博物馆时期；二是十七至十九世纪文艺复兴至自由资本主义阶段的近代博物馆时期；三是二十世纪上半叶垄断资本主义阶段的现代博物馆时期；四是“二战”以后至今的当代博物馆时期。[①]就博物馆的定义而言，博物馆作为一个动态演变的现象，从不同视角、不同历史背景对博物馆所下的定义是不同的。正如圣奥古斯丁所言：“什么是时间，如果没有人问我，我是知道的，如果我希望向问我的人解释清楚它，那我就不知道了。”不过，给博物馆下定义，是对其进行学术研究的逻辑起点，本文试图在对博物馆历史简单考察的基础上，主要侧重于从法学视角对博物馆定义进行分析。

---

① 苏东海：《博物馆演变史纲》，载《中国博物馆》1998年第1期，第11页。

大约公元前四世纪至前三世纪，埃及托勒密王朝在亚历山大城的宫殿里建立了科学和艺术中心，其中收藏有包括亚里士多德学园遗存在内的众多珍品的缪斯神庙被学界视为早期博物馆的代表。这一时期的博物馆多以神庙、皇家收藏和贵族收藏为依托，仅仅被定义为“奇珍异物的收藏所”。古罗马时期，伴随着战争频仍和文化扩张，罗马皇室也收集了众多来自各地海怪异兽的巨骨、兵器和其他奇珍异宝，并且促进了私人收藏热的兴起，并出现了供客人观赏的陈列室和动植物展览园。可以说古希腊、古罗马时期的博物馆主要承担了“收藏所”的功能。

经过中世纪漫长的教会实行封建统治的黑暗时期，十七世纪以后，在欧洲文艺复兴思潮影响下，新兴的资产阶级推崇古希腊、古罗马文明，宣扬人文主义和自由主义思想，反对教会统治下的封建意识形态，出现了收集、研究古物的热潮。这时的博物馆内涵随之也跳出了“收藏所”的界限，其涵义增加了对收藏物的研究和探索。随着博物馆科学研究职能的出现，以及其与经济、社会发展之间的紧密联系，博物馆也开始了社会化进程。在私人收藏和工业革命成果博览会基础上，一些重要博物馆相继成立。1789 年法国大革命胜利后，法国资产阶级政权将卢浮宫辟为中央艺术博物馆正式对社会开放。也是在这一时期，随着牛津大学阿什莫林博物馆的创立，Museum 一词才成为博物馆界通用的名称。此时的博物馆主要是担负收藏和研究的场所或机构。

十九世纪以后，在垄断资本主义的社会背景下，社会发展对国民教育的需求愈加强烈，博物馆成为国家实施启迪民智、宣扬意识形态和民族意识教育的重要平台和场所，其教育功能也得以凸显，并迅速成为当时博物馆学界对新博物馆与旧博物馆之间区别的重要标尺。此时的博物馆的定义更加强调博物馆与公众之间的关系。美国内布拉斯加大学州立博物馆馆长艾尔温·巴伯给博物馆下的定义为："它有着文采出众的文字说明，并配有一流标本。管理出色的博物馆可以被视为档案馆，人们可以从中获得大量知识。对于那些受过或没有受过教育的人而言，博物馆就是受人欢迎的学校、学院和大学。"[①] 曾任美国国家博物馆馆长的乔治·布朗·古德在《博物馆的各种关系与责任》一文中，将博物馆定义为："博物馆是一个保存那些能够最好地阐述自然现象和人类成就的物品的机构，并且使用一些物品增进知识和启发公众。"[②] 这一时期博物馆的定义主要是在博物馆收藏职能和研究职能基础上，增加了教育职能的要素。

"二战"以后，博物馆的发展进入了新时期，各种类型的博物馆如雨后春笋般创立起来，国际博物馆协会等博物馆横向组织也相继成立。在世界范围内战后秩序重建的历史背景下，随着法治和民主思维在国家治理和处理国家和地区间关系中地位的不断强化，博物馆作为社会现象也被纳入国家立法和法治体系中。就博物馆的定义而言，一方面仍然表现出不断丰富和演变的传统，另一方面在立法文件中也表现出多元化特征。

2. 国际社会对博物馆定义的相关立法表述

国际博物馆协会（ICOM）自成立至今，在其章程中对博物馆定义做了多次修改。1946 年的章程规定：博物馆是指向公众

---

① 艾尔温·巴伯：《博物馆与人民》，载陈建明主编，路旦俊译：《博物馆起源——早期博物馆史和博物馆理念读本》，译林出版社，2014 年版，第 67 页。

② 陈建明主编，路旦俊译：《博物馆起源——早期博物馆史和博物馆理念读本》，译林出版社，2014 年版，第 112 页。

开放的美术、工艺、科学、历史以及考古学藏品的机构，也包括动物园和植物园，但图书馆如无常设陈列室者则除外。1951年修订后的章程将博物馆定义为：博物馆是运用各种方法保管和研究艺术、历史、科学和技术方面的藏品以及动物园、植物园、水族馆的具有文化价值的资料和标本，供观众欣赏、教育而公开开放为目的的，为公共利益而进行管理的一切常设机构。因此，公共图书馆、公共文书保管所如设有常设展览室者亦可视为博物馆。1962 年章程又将博物馆定义修改为：以研究、教育和欣赏为目的，收藏、保管具有文化或科学价值的藏品并进行展出的一切常设机构，均应视为博物馆。1974 年，国际博物馆协会第十一届会议上，又一次将章程中的博物馆定义做了修改：博物馆是一个不追求营利、为社会和社会发展服务的公开的永久性机构。它把收藏、保存、研究有关人类及环境见证物当作自己的基本职责，以便展出，公诸于众，提供学习、教育、欣赏的机会。2007 年修订的《国际博物馆协会章程》将博物馆定义为："博物馆是一个为社会及其发展服务的、向公众开放的非营利性常设机构，为教育、研究、欣赏的目的征集、保护、研究、传播并展出人类及人类环境的物质及非物质遗产。"

作为国际博协常设办事机构所在地的法国是博物馆立法较为成熟的国家之一，其立法文件中对博物馆的定义也经历了修订演变的过程。十九世纪五十年代《法国博物馆组织法》关于博物馆的定义是："博物馆是旨在保存并向公众展览介绍永久性藏品的公共机构。"2002 年《法国博物馆法》中的博物馆则是指"通过保存与陈列永久性的非营利性收藏，并以提供知识、教育和欣赏为目的的场所"。

日本将博物馆纳入《社会教育法》的规范，明确了博物馆存在的目的是“谋求其健全的发展及贡献国民教育、学术及文化之发展”。同时，《日本博物馆法》将博物馆定义为：“由地方公共政府、一般注册协会或基金会、宗教法人或由内阁命令设立的其他法人设立，并根据本法第二章的规定注册的机构。”

英美法系国家虽然没有成文法对博物馆加以定义，但是，关于博物馆的认证和评审制度对博物馆标准进行了明确。如《英国博物馆认证制度之认证标准》规定博物馆必须符合1998年博物馆协会对博物馆的定义，即“博物馆能够使公众通过探究藏品获得启迪、知识和快乐。它们是承担着社会信托责任而征集、保护和展示文物和标本的机构”。美国博物馆评审委员会于2004年批准的《美国评审制度标准——可参与评审的博物馆特征》中，将博物馆定位为“公共信托资源的称职监管人”。此外，在英美学术界也对博物馆的定义有不同概括。《简明大不列颠百科全书》将博物馆定义为：“现代的博物馆是征集、保藏、陈列和研究代表自然和人类的实物，并为公众提供知识、教育和欣赏的文化教育机构。”美国博物馆协会认为：“博物馆是一个有组织的、永久性的非营利机构，其主要目的是教育和审美。它拥有专业工作人员，保管并利用实物，定期向公众展出。”①

3. 中国立法中的博物馆定义

虽然近现代博物馆理念传入我国的历史比较短，但就对博物馆的定义而言，也同样经历了一个逐步认识的过程。十九世纪中后期，当旅欧华人将博物馆介绍进中国伊始，博物馆被看

① 王宏钧：《中国博物馆学基础》，上海古籍出版社，1990年版，第28页。

作是“搜奇器物、博览兼收、益智集思的机构”。[①] 民国时期，学界将博物馆解释为“陈设一切天然或人造之物，供民众观览之所”。[②] 博物馆被认为不仅仅是保管宝物的仓库，同时也是一种文化机关，是以实物的验证而做教育工作的组织和探讨学问的场所。[③]

新中国成立后，1956 年博物馆工作会议将博物馆定义为：博物馆是科学研究机关，文化教育机关，物质文化与精神文化遗存或自然标本的主要收藏所。1961 年《博物馆工作概论》中给博物馆下的定义是：“文物和标本的主要收藏机构，宣传教育机构和科学研究机构，是我国社会主义科学文化事业的重要组成部分。”1979 年国家文物局颁布的《省、市、自治区博物馆工作条例》规定：“省、市、自治区博物馆是国家举办的地方综合性或专门性博物馆，是文物和标本的主要收藏机构、宣传教育机构和科学研究机构，是我国社会主义科学文化事业的重要组成部分。”

2005 年文化部颁布的《博物馆管理办法》第二条规定：“本办法所称博物馆，是指收藏、保护、研究、展示人类活动和自然环境的见证物，经过文物行政部门审核、相关行政部门批准许可取得法人资格，向公众开放的非营利性社会服务机构。”

2015 年国务院颁布实施的《博物馆条例》将博物馆定义为：“本条例所称博物馆，是指以教育、研究和欣赏为目的，收藏、

① 王宏钧：《中国博物馆学基础》，上海古籍出版社，1990 年版，第 26 页。

② 《辞海》，1936 年版，转引自王宏钧：《中国博物馆学基础》，上海古籍出版社，1990 年版，第 26 页。

③ 《中国博物馆协会会报》，第 2 卷，第 2 期，1936 年 11 月，转引自王宏钧：《中国博物馆学基础》，上海古籍出版社，1990 年版，第 26 页。

保护并向公众展示人类活动和自然环境的见证物，经登记管理机关依法登记的非营利组织。”同时，该《条例》附则第四十五条规定：本条例所称博物馆不包括以普及科学技术为目的的科普场馆。第四十六条规定：中国人民解放军所属博物馆依照军队有关规定进行管理。

可以看出，无论是从国内外立法表述还是博物馆自身历史发展考察，博物馆的定义是不断演变和发展的。纵观学界和立法给博物馆定义的诸多表述发现，在技术层面上，这些定义一方面包含对博物馆基本要素的抽象性描述，也即博物馆的内涵；另一方面概括或列举说明了哪些机构可被视为博物馆，也即博物馆的外延。从上述博物馆定义可以看出，虽然不同法律文件对博物馆定义的表述有一定的差异，但都包含了以下几方面内容：1. 博物馆要有见证物，也就是藏品。这里的藏品指人类活动和自然环境的见证物，包括文物、标本、资料等，是博物馆存在和开展活动的物质前提。2. 博物馆是一个为社会提供公共服务的非营利性公益性机构。从功能方面考察，博物馆应该以收藏、保护、研究、展示这些见证物为其主要职责。从公众利用角度来看，博物馆必须对公众开放，并且这种开放带有行政强制性，比如我国规定国有博物馆一年开放时间不少于 10 个月，非国有博物馆一年开放时间不少于 8 个月。这些都直观地体现出博物馆服务于公共利益的本质属性。3. 法律意义上的博物馆应该经相关行政管理部门许可或确认设立。比如中国对博物馆设立的实质要件和程序要件都进行了明确规定。

宋向光教授认为，给博物馆下定义“除涉及博物馆学基本理论外，还涉及博物馆管理体制和相关法律法规规定”，包括博物馆的机构、目的、功能、工作对象和意义等几方面内容。就我国博物馆定义而言，需要在符合我国社会、经济、法治实践基础上，从以下四个方面着重关注：一是明确博物馆的公益性和公益组织的社会身份、法律身份；二是明确博物馆与最终用户的关系，特别是博物馆与观众的关系；三是当代博物馆要以开放和发展的态度看待全球化，以及全球化对博物馆工作观点、内容、方法和标准的影响，把握全球化给博物馆发展带来的机遇；四是要涵括不同办馆主体和不同类型的博物馆。[1] 基于此，本文所采用的博物馆定义以 2015 年《博物馆条例》的表述为标准。

二、博物馆的构成要件及基本特征

博物馆之所以区别于其他社会组织，是由于在构成要件上有其个性化的特征，因此，要认识博物馆的基本面貌，首先需要了解博物馆的构成要件。

博物馆作为一项公益性事业，立法文件对其构成要件的要求与其所在国家或地区的社会、经济发展状况，以及立法传统有着密切联系。《日本博物馆法》第 12 条详细规定了博物馆注册审查条件：“其一，具有为实现（博物馆设立）目的所必需的博物馆资料；其二，具有为实现（博物馆设立）目的所必需的学艺员及其他工作人员；其三，具有为实现（博物馆设立）目的所必需的建筑物和土地；其四，一年向公众开放 150 天以上。”英美国家的这种立法表述虽然不像大陆法系的成文法那样

---

① 宋向光：《博物馆定义与当代博物馆的发展》，载“百度文库”，http：//wenku. baidu. com/link? url＝wZ9jV4Ipi2pT6JQtY09e8OQro2j _ tV5B4XcRnQ8ae _ zBLkebgjKwisvcFZP7TKCzXf _ Ur6Nn70OCeREJq2DjZm2olUjCdQ _ Hser1GIxmgP _

明确规定博物馆应该具备的要件，但是，从其较为宽泛的规定中，仍然可以概括出博物馆设立要件的基本轮廓。《英国博物馆认证制度之认证标准》对博物馆的认证标准构成条件中，将认证博物馆的内容规定为四个部分，分别是管治和博物馆管理，用户服务，公共设施，藏品管理。鉴于此种表述较为宽泛和抽象，实践中的认证标准还需要结合认证委员会的自由裁量来具体考量。《美国（博物馆）评审制度标准》从领导与组织机构、藏品、教育、财政稳定、设施及风险管理几方面对博物馆应该具有的特征进行了原则性规定。

我国《博物馆条例》第十条详细列举了博物馆设立应该具备的条件包括：①固定的馆址以及符合国家规定的展室、藏品保管场所；②相应数量的藏品以及必要的研究资料，并能够形成陈列展览体系；③与其规模和功能相适应的专业技术人员；④必要的办馆资金和稳定的运行经费来源；⑤确保观众人身安全的设施、制度及应急预案。

尽管不同国家或地区立法对博物馆构成要件的表述不同，但还是有一些共性的内在规律可循，具体而言，各国立法在对博物馆设立要件的规定中，有三个方面的专业要件是必不可少的：一是博物馆藏品；二是博物馆馆舍和设施；三是专业人员。

首先，博物馆藏品既是博物馆存在和发展的物质基础，也是博物馆的首要服务对象。博物馆起源于藏品的收藏，离开藏品，也就谈不上博物馆的设立。一定数量的、自成体系的博物馆藏品以及必要的研究资料是博物馆文化个性的重要标志。比如对于地志类博物馆而言，其藏品体系需要能较为完整地反映当地的自然和人文特征，以便为诠释相关地志主题提供必要的实物支撑。对于专题性博物馆来说，钱币类专题博物馆的藏品体系必然是由具有一定数量的与钱币历史、制作工艺、文化源流等密切相关的藏品和资料构成的，而古陶博物馆的藏品体系必然应该是以成体系的古陶器实物、标本、资料等为基础建立起来的。

其次，博物馆馆舍和设施包含了两方面内容：一是固定的馆址。固定的馆舍和完善的配套设施，是博物馆存在和提供公共服务的重要物质基础。很显然，一座没有固定的馆址，而是不停地处于流动状态的博物馆是无法想象的。法国博物馆法在对博物馆的定义中，明确阐明博物馆是通过保存与陈列永久性的非营利性收藏，并以提供知识、教育和欣赏为目的的场所。二是符合国家规定的藏品保管和观众服务设施。博物馆是收藏、保护、展示人类活动和自然环境见证物的场所，如果没有能够保证博物馆实现这些功能的设施，博物馆要正常履行其职能也是不可能的，观众也无法对博物馆有一个基本的认知。当然，博物馆拥有自己的馆舍，并不一定要求博物馆对馆舍必须拥有所有权，而是需要博物馆对馆舍拥有受法律保护的、能满足博物馆需要的使用权。在博物馆实务中，不少博物馆法人对馆舍并不拥有不动产的所有权，而只是享有占有权和使用权。比如我国《物权法》所奉行的国家所有权制度决定了国有博物馆馆舍的所有权属于国家，而博物馆法人只能对馆舍享有占有权和使用权。再比如，当非国有博物馆通过租赁方式占有和使用不动产设立博物馆时，博物馆法人对馆舍也只是享有占有权和使用权，而不拥有所有权。事实上，为了促进博物馆整体事业的发展，保护设立博物馆的积极性，《博物馆条例》依据“保护为主、抢救第一、合理利用、加强管理”的《文物保护法》原则，对博物馆的馆舍作了进一步规定，指出“博物馆馆舍建设应当坚持新建馆舍和改造现有建筑相结合，鼓励利用名人故居、工业遗产等作为博物馆馆舍。新建、改建馆舍应当藏品展陈和保管面积所占总面积的比重”。

第三，博物馆专业人员是博物馆存在和履行职能所必需的智力因素。毋庸讳言，博物馆是专业性非常强的机构，其所包含的日常工作和业务工作都离不开具有专业技术知识的人员。比如，对藏品的收藏需要具体从业人员具备一定的藏品鉴别能力，对藏品的保管需要具体从业人员具备符合博物馆专业要求的知识体系储备，对藏品的科技保护也离不开具有相关领域科学知识体系的智力支持。事实上，在许多国家的立法和实践中，对博物馆从业者应该具备的条件都是有明确和严格限制的。比如日本博物馆立法对馆长、学艺员、助理学艺员和其他职员的任职资格、工作职责、任命程序等都进行了具体规定。波兰、爱沙尼亚等国家博物馆立法都有对博物馆馆长所应该具备的条件和任命程序的规定。我国地方法规中的《北京市博物馆条例》也有对博物馆馆长以及专业技术人员所应具备条件的明确规定。

三、博物馆法律地位的二元性

从法律属性上看，作为为社会提供公共文化服务的非营利性组织，博物馆既具有法律意义上的“物”之属性，也具有法律意义上的“人”之属性。一方面，在福利行政背景下，行政主体通过直接或间接设立的博物馆，为社会公众提供公益性文化服务，使博物馆成为社会公众接受社会教育、共享文化资源、开展科学研究的重要场所和机构。从这个意义上说，博物馆与学校、医院、图书馆等机构都属于公共设施的范畴，具有相同的法律属性，即公营造物中的公共营造物属性。另一方面，在以权利和义务为中心的法律关系中，博物馆要正常运营和有效发挥其职能，往往需要具备法律关系主体资格，进而参与到相关的法律关系中。也就是说，博物馆也应该具有法律人格属性。因此，在公物法语境下，博物馆的法律地位表现出明显的兼具“物”与“人”的双重属性特征。

在我国，有关立法也将博物馆纳入公共文化设施范畴。根据2003年8月1日起施行的《公共文化体育设施条例》，公共文化体育设施是指“由各级人民政府举办或者社会力量举办的，向公众开放用于开展文化体育活动的公益性的图书馆、博物馆、纪念馆、美术馆、文化馆（站）、体育场（馆）、青少年宫、工人文化宫等的建筑物、场地和设备”。[①] 一方面，博物馆作为由各级人民政府举办或者社会力量举办的设施，具有法律意义上之“物”的属性。另一方面，博物馆法人作为公共文化设施管理单位，是“负责公共文化体育设施的维护，为公众开展文化体育活动提供服务的社会公共文化体育机构”，具有法律意义上之“人”的属性。可见，这一立法规定也体现了我国博物馆法律地位的双重属性，即物的属性和人的属性。博物馆的物的属性表现为公共文化实施，与大陆法系所称的公共用营造物和英美法系所称的公共信托资源具有类似的法律属性和地位。博物馆的人的属性表现为公共文化设施管理单位，与大陆法系所称的公共用营造物主体和英美法系所称的公共信托资源的监管人具有类似的法律属性和地位。不难看出，博物馆具有法律意义

① 国务院第382号令：《公共文化体育设施条例》第二条第一款，2003年6月18日国务院第12次常务会议通过，2003年8月1日起施行。

上的物和人的双重法律属性是一个普遍存在的固有现象，也是得到相应立法和实践所认可和支持的。

1. 博物馆的公营造物属性

考察博物馆是否具有公营造物属性，需要从公营造物的构成要件来入手。就一般公营造物的构成要件来说，主要有以下三方面：第一，公营造物由行政主体创设或许可。第二，公营造物以提供公益性公共服务为目的。第三，公营造物是行政法意义上的物与人的结合体。

首先，在法、德等大陆法系国家，行政主体包括国家行政主体和地方行政主体，两类主体均可以创设博物馆，且都属于公营造物范畴。比如，卢浮宫博物馆由法国政府创设，巴黎历史博物馆由巴黎市政府创设。虽然创设主体不同，但都属于公立公益机构范畴，类似于德国、日本的公营造物。在我国，行政主体并不存在国家与地方自治行政主体的明确区分，无论是国务院还是地方政府，均视为国家行政主体，其所创设的博物馆自然不存在创设主体性质不同的区别。

对于非行政主体创设的博物馆来说，其是否属于公营造物范畴呢？关于非行政主体创设的公益性机构是否属于公营造物，学界存在着争议。反对意见认为，由于由行政主体创设是公营造物的必要条件，因此，这类公益性机构不属于公营造物范畴。赞同的意见认为，出于保障人权的需要，以及为了避免此类机构在纯私法领域适用法律不能的弊端，应该属于公营造物范畴。笔者认为，就我国非行政主体创设的博物馆来说，应该将其纳入公营造物范畴。一方面，非行政主体创设博物馆的目的是为了提供公益性公共服务，并且在我国博物馆整体规划前提下，此类博物馆与我国博物馆事业的整体规划是相一致的，也得到了行政主体的许可或确认，属于博物馆体系的组成部分。从这个意义上来说，非行政主体创设的博物馆也是行政主体为了弥补自身资源的不足，而间接设立的公益性机构，在设立方式上具有类似于基础设施建设中常见的BOT模式特征。另一方面，我国相关立法对非行政主体创设博物馆持积极态度，并且明确指出："国家在博物馆的设立条件、提供社会服务、规范管理、专业技术支撑评定、财税扶持政策等方面，公平对待国有和非国有博物馆。"尽管国有与非国有的划分标准不同于公立与私立的划分标准，但其对所有博物馆公平对待的解释应该是没有异议的。有不少公物法学者认为，非行政主体创设的博物馆虽然也具有提供社会公用的目的，但因其不具有公物命名程序，只能是事实上的公物，而不是法律上的公物。笔者认为，根据我国《博物馆条例》以及《文物保护法》、《公共文化体育设施条例》等相关法律规范，非行政主体创设博物馆不仅需要经过行政主体的批准或登记才能成立，而且对博物馆藏品的收藏、管理、利用、退出馆藏等都需要服从行政主体的依法管理，可见，无论是博物馆设立的核准、登记、备案，还是藏品的入藏登记、建账、备案，都是公物（或公营造物）命名程序的体现。与此同时，博物馆的设立不仅关系到社会公众对公共设施的利用，更重要的是，博物馆一经依法成立，根据《文物保护法》规定即取得法定文物征集权，而这种权利（力）与民间收藏文物主体的文物收藏权不同，带有明显的公权力色彩。从某种意义上说，博物馆对馆藏文物和潜在馆藏文物的保护甚至有可能关乎到国家文化安全和民族文化多样性的保护。因此，法律意义上的"博物馆"称谓并不是任何个人或组织随意使用的，而是需要经过行政主体的依法许可或确认，并不存在非行政主体依法创设的博物馆仅属于事实上公物的可能性。需要特别指出的是，现实生活中的确有不少非行政主体未经法定程序设立的所谓“博物馆”，这些“博物馆”既有收藏家私人擅自设立的，也有某些经济组织或社会组织自行设立的，甚至还有宾馆、饭店、商店等市场经营主体直接冠之以“博物馆”的称谓。事实上，某些所谓的“博物馆”在设立目的、运行模式、营利特征、社会责任等方面与法律意义上的博物馆相差甚远，不仅不能将其列入博物馆之列，而且有些行为可能已经触碰到了某些强制性、禁止性法律规范，需要承担相应的法律责任。

其次，无论是国外还是国内，博物馆在收藏、研究、教育方面的公益性公共服务职能是显而易见的，并且这种公益性公共服务具有持续性和专业性特征。从服务对象的视角看，博物馆的公共服务职能主要体现在两个方面：一是通过收藏职能的实现，服务于收藏的藏品和社会上潜在的收藏品，履行国家保护人类和自然发展进程见证物的历史使命和社会责任。二是通过研究、展览等方式服务于社会公众对文化生活、文化消费的需求。

如上所述，博物馆提供的公共文化服务是政府基于其所担负的民生使命而提供给社会公众的社会福利和行政供给。对接受博物馆公共文化服务的利用者来说，接受这种公益服务有时候是一种行政反射利益，有时候则是宪法和法律赋予公民的文化权利。无论哪种情况，对利用者来说都是无偿胜于有偿。对行政主体来说，提供这种社会福利和行政供给所需的综合成本无疑应该由政府承担。而对博物馆来说，它所提供的公共文化服务是基于其所担负的对公营造物进行管理、维护的职责使然。

作为独立的法律主体，博物馆公共服务的公益性并不意味着博物馆提供服务的无偿性，也不意味着博物馆不具有经营能力。博物馆为了其自身生存和发展需要，提供部分有偿服务，依法开展一些经营活动是必要的。因此当博物馆提供免费参观的同时，往往也会从政府获得部分经费补偿或税收优惠，当博物馆对部分临时展览和特殊服务收取一定费用时，也正是其自身经营能力的体现，并不与其公益性相矛盾。

第三，博物馆是行政主体实施社会治理和行政给付过程中兼具“物”的手段与“人”的手段的结合。如前文关于公营造物特征的论述，一般来说，许多公物的维护、管理等也需要人的因素来辅助完成其公物使命，比如道路需要养路工来维护，公园需要园丁来管理，在这些物与人的结合中，人的因素基本是起辅助作用的，而不是影响公物使命发挥的决定性因素。与之不同，博物馆中人的因素与物的因素是密不可分的，仅有藏品，没有专业技术人员对其进行具有专业性的研究和适当的展陈方式，将会直接影响观众对藏品所蕴含的历史文化信息的认知，没有观众对博物馆资源的利用和互动，也很难取得博物馆社会教育所应该有的社会效益。这一点类似于医院、学校等公营造物，医院的医疗设备离开了医生的专业性的合理利用，也不能发挥其应有的作用，没有患者对医院设施和人员结合的需要，医院也失去了存在的意义；学校离开了教师与教学设施的结合，对学生的教育也就失去了依托的载体。对应于博物馆而言，正如日本博物馆学者鹤田总一郎先生所指出的：“博物馆是人与物的结合。人包括博物馆全部职员和博物馆的利用者，物包括标本、文物、资料、场地等等。”[①]

2. 博物馆的法律人格属性

所谓法律人格，简单来说就是指法律赋予自然人和其他法律主体享有权利和承担义务的资格。就博物馆的法律人格而言，则应该是指自然人、法人或国家在各种法律关系中的主体资格。

博物馆在漫长的历史演变中，经历了一个由纯粹的私人收藏场所向提供公共服务的教育机构的转变。在这个过程中，博物馆逐渐在扩展着自己所能参与的法律关系的界域。同时，伴随着法治社会的不断发展，博物馆与其他法律主体之间的关系也越来越多地被纳入到相应的法律规范的调整之中，从而使得其法律人格在多种多样的法律关系中得到不同程度的体现。实践中，博物馆作为一项社会生活中具有历史底蕴的客观存在，其具有独立法律人格几乎在世界范围内都是被立法和实践所认可的。不过，不同国家的立法对博物馆法律人格的法理内涵和外在表现形式存在着一些区别。英美等国立法一般是将博物馆视为与自然人相对应的实体或组织。比如《英国博物馆认证制度之认证标准》将博物馆视为承担着社会信托责任而征集、保护和展示文物和标本的机构。《美国评审制度标准——可参与评审的博物馆特征》则是直接将博物馆视作法律上的人，指出“博物馆是其公共信托资源的称职监管人”。与英美法系国家相比，大陆法系国家则大多数是将博物馆视为“法人”来对待的。《法国遗产法典》和《法国博物馆法》明确将博物馆视为法人，

① （日）鹤田总一郎著，华惠伦、陈国珍整理：《博物馆是人和物的结合》，载《中国博物馆》1986 年第 3 期，第 38—42 页。

《法典》第L410—5条款规定了地方博物馆经“省级和市政级行政部门提出申请，并通过法国行政法院法令”，即可取得法人资格。[①] 日本在二十世纪末开始的公益法人制度改革中，也将国立博物馆定位为独立行政法人。[②] 我国博物馆立法也基本与大陆法系的立法理念相一致，2005年文化部颁布的《博物馆管理办法》第二条在界定博物馆时指出：“博物馆是指……经过文物行政部门审核、相关行政部门批准许可取得法人资格……”2015年国务院颁布的《博物馆条例》虽然取消了这种表述方式，但从分散的条款中还是能清楚地认识到立法对博物馆法人资格所持的肯定态度。比如第十二条规定：“国有博物馆的设立、变更、终止依照有关事业单位登记管理法律、行政法规的规定办理。”从而间接地肯定了国有博物馆的法人资格。第十五条关于非国有博物馆法人资格的规定则更为直接：“设立藏品不属于古生物化石的非国有博物馆的，应当到有关登记管理机关依法办理法人登记手续。”对于不具有法人资格的博物馆，在相关立法和实践中也并不否认其法律主体的地位，只是与具有法人资格的博物馆相比，其法律人格所包含和体现的权利义务范围、方式存在不同。

从历史的视角来看，博物馆出现、发展、变迁的历史脉络毫不逊色于法律人格学说的产生和变迁，二者之间之所以能产生紧密联系，无疑也是商品经济长期发展的必然。在我国，赋予博物馆法律人格至少有以下几方面的现实意义：其一，有利

---

① 吴辉：《从〈遗产法典〉看“法国的博物馆”》，载《中国文物报》2014年7月22日，第6版。

② （日）金子启明撰，中须贺译：《日本国立博物馆独立行政法人化以及诸问题》，http：//www.doc88.com/p—992974092084.html

于博物馆对藏品安全责任的具体落实，以及履行为公众提供专业文化服务的社会义务。在公物法视野下，一方面，在以市场经济为主导的经济社会发展模式的驱使下，博物馆活动中的许多领域和环节都越来越多地通过民事行为加以解决，而适格的民事法律主体身份也已经成了博物馆与其他民事主体在法律规范下进行正常交往的必要前提。比如，博物馆购买藏品的行为，博物馆与展陈公司进行展览设计、制作的行为，博物馆为观众提供文物鉴定服务的行为等，更多地表现出民事法律关系特征，博物馆与对方当事人需要在民事法律框架下享有权利和履行义务。另一方面，博物馆作为行政主体直接提供或许可提供的公营造物，独立承担着提供公共服务的职责。在这种职责的履行过程中，有时候体现出行政相对人的身份，有时候又体现出行政主体的身份，而这两种身份都是博物馆法律人格在行政法律关系中具象化的结果。比如，博物馆申请藏品退出馆藏的行为，体现的是博物馆的行政相对人身份，而博物馆制定观众参观规则的行为，体现的则是博物馆的行政主体身份。其二，有利于对观众、研究人员等博物馆利用主体合法权益的保障。现代博物馆发展的重要特征之一是其越来越注重博物馆的社会教育职能，与之相对应，博物馆观众、研究人员等对博物馆和博物馆藏品利用者与博物馆的关系越来越密切，甚至在衡量博物馆某些领域的绩效成果时，是将其作为一个统一的整体对待的。在公法意义上而言，以观众为代表的博物馆利用人对博物馆资源的利用行为，实际上是权利主体在博物馆领域以一定方式实现其宪法赋予的基本文化权利的体现。在由此形成的法律关系中，以观众为代表的博物馆利用人与博物馆或者行政主体之间分属于相互独立的法律主体，博物馆法律人格的存在，一方面为肯定博物馆与观众等法律主体之间存在法律关系提供了前提，另一方面由独立法律人格所衍生的责任能力也为以观众为主的对方当事人合法利益的保护提供了必要保障。其三，有利于行政主体职能的管办分离，提高行政效率，助力和推进行政体制改革。在现代福利行政和给付行政的大环境下，行政主体提供的社会公共资源的局限性与社会公众需求之间的矛盾是经常存在的，表现在文博领域，则是行政主体所直接掌握和支配的文博资源不能充分满足社会的需求。这既是由于行政主体所具有的行政职能的局限决定了不可能完全靠行政主体提供社会所需的全部文博资源，同时又由于文博资源所固有的关乎文化安全等方面的特性而必须由相关行政主体来主导提供给社会。而赋予博物馆法律人格，则行政主体可以从具体的博物馆实务中脱身出来，将主要精力投入到对博物馆的宏观规划、合理布局，以及具体博物馆的准入、监督、管理等节点上来。这不仅提高了行政效率，使博物馆提供社会的文博资源与社会需求更加贴近，而且也是博物馆管理领域以管办分离为特点的行政体制改革的有效实践。

根据我国相关博物馆立法，博物馆应该是经相关登记机关依法登记的法人。这也与我国法律体系中对非自然人的法律人格的通行做法相一致。不过，在博物馆实务中，并不是所有博物馆都办理了法人登记，拥有了法人资格，尤其是一些校办博物馆、企业内部博物馆等，这些博物馆大多数情形下只是其上级单位的一个部门，并不具有独立的法律人格。尽管现有立法文件规定了我国博物馆应该具有法律人格，但这种现实的存在，并非没有其存在的现实土壤和社会价值，更多的原因是与我国法治建设和法治理念的整体普及现状有关。首先，博物馆作为一种社会现象，其出现的时间要远远早于法人制度的历史，法人制度是对业已存在的博物馆现象进行规制的一种法律上的技术选择，由于世界范围内的博物馆在发展阶段、发展理念、存在目的等方面的具体情况存在差异，并且受到不同法律传统和社会发展模式的影响，其在法人规制上表现出的差异性有其一定的合理性。其次，博物馆作为社会组织或机构，其是否具有法律人格，并不是完全取决于具体的法律形式，而是其在法律关系中所应该承当或能够承担的权利和义务。最后，这种现象一方面是我国现阶段博物馆法治水平的客观反映，另一方面也是我国法治建设中整体推进法人制度建设历史进程在博物馆领域中的具体体现。不过，尽管如此，无论是从立法意义上，还是从社会整体法治进程的宏观视角下来审视，博物馆应该具有法人资格的观点是符合历史和社会发展趋势的。事实上，就我国相关立法关于非自然人的法律人格的具体表现形式来说，也并不都是以法人形式出现的，还包括合伙、其他社会组织等形式，这也为我国博物馆法律人格的现状提供了实定法依据，不过从学理上来说仍有进一步厘清和统一的必要。

第三章 博物馆法人制度

法律赋予博物馆法人资格，一方面有利于博物馆享有更多自主权，增强主观能动性，更好地为社会公众提供专业性公益服务；另一方面也有利于明确政府、举办人、博物馆法人以及社会公众之间的权利和义务关系，维护相关当事人的合法权益。作为博物馆法学理论体系的组成部分，法人制度对博物馆的设立、管理、利用、监督等制度设计和实践有着重要影响。从实定法层面来看，许多国家的立法也将法人制度纳入博物馆法律体系的组成部分。在我国，《博物馆条例》继《博物馆管理办法》之后，对我国博物馆法人制度也作了较为细致的规定。这里主要结合我国《博物馆条例》以及域外相关理论和立法实践，对博物馆法人制度进行分析。

一、博物馆法人的设立原则——从许可主义到准则主义

简单而言，博物馆法人的设立原则是指博物馆法人设立的基本依据及基本方式。由于设立原则与博物馆的法人性质、法人要件、法人类型紧密相关，因此有首先探讨的必要。通说认为，法人设立原则主要包括自由设立主义、特许设立主义、强制设立主义、准则设立主义和许可设立主义五种原则。前三种原则现在已经很少被采用或只针对少数特殊法人的设立时采用，

大多数法人的设立采用的是后两种原则，其中，准则设立主义多适用于营利性法人，许可设立主义多适用于非营利性法人。所谓准则设立是指法律预先规定法人所需要具备的要件，只要具备了这些要件，即可登记成为法人；所谓许可设立是指除满足法律所规定的要件外，还需经过行政主管机关的审查核实，只有经过行政批准，才能登记成为法人。

2005 年文化部颁布的《博物馆管理办法》第 10 条规定："省级文物行政部门负责本行政区域内博物馆设立的审核工作。"第 12 条同时规定："省级文物行政部门应当自收到博物馆设立申请材料之日起 30 个工作日内出具审核意见。审核同意的，应报国务院文物行政部门备案。审核不同意的，应当书面说明理由。经审核同意设立博物馆的，申请人应持审核意见及其他申报材料，向相关行政部门申请取得博物馆法人资格。"可见，《博物馆管理办法》在博物馆法人设立原则上采取的是审核、备案加登记模式的许可设立主义原则。

与《博物馆管理办法》不同，2015 年国务院颁布的《博物馆条例》第 12 条至第 15 条从两方面规定了博物馆法人的设立程序：一是博物馆需要按照不同所有制类型向相应法人登记管理机关办理法人登记；二是应当向馆址所在地省、自治区、直辖市人民政府文物主管部门备案。在取消了省级文物主管部门审核权的同时，将备案权主体由国务院文物行政部门改为省级文物主管部门。可见，《博物馆条例》在博物馆法人设立原则的选择上，采用的是登记加备案模式的准则设立主义原则。

需要注意的是，根据《民法通则》以及《事业单位登记管理暂行条例》、《民办非企业单位登记管理暂行条例》的相关规定，[①] 博物馆法人的设立应该采用许可设立主义原则。也就是说，博物馆法人登记的前置要件是相关行政主管部门的批准许可，这显然与《博物馆条例》的规定存在适用上的冲突。为此，国家文物局在《关于贯彻执行〈博物馆条例〉的实施意见》规定博物馆举办人需要凭省级文物行政主管部门出具的“博物馆备案确认书”办理法人登记。笔者认为，文物主管部门在自由裁量权范围内就博物馆设立作出批准或不批准的决定，在法律性质上属于行政许可行为。而备案的基本意思是存档备查，是博物馆法人登记之后向文物管理部门的报备程序，目的是让文物管理部门知晓而非批准，属于“不产生强制效力的宣示性准行政行为”，[②] 并且从“博物馆备案确认书”的表述上，也说明备案的性质属于行政确认行为，而非行政许可行为。

在市场经济条件下，博物馆作为向社会公众提供公共文化服务的非营利法人与公司等营利性法人完全不同，其设立目的是为了社会公众基本文化权利的实现，价值取向具有鲜明的公益性。而要保护这种公益性，显然除了举办人自律外，也离不开行政主体的审核和监管。事实上，在释放民间力量举办博物馆的积极性，促进博物馆举办主体多元化与加强文物主管部门对博物馆设立行为的审核许可之间的关系是相辅相成的。一方面，加强文物主管部门对博物馆设立的行政许可，有利于降低

---

① 《事业单位登记管理暂行条例》第 6 条：申请事业单位法人登记，应当具备下列条件：（一）经审批机关批准设立。《民办非企业单位登记管理暂行条例》第 8 条：申请登记民办非企业单位，应当具备下列条件：（一）经业务主管单位审查同意。

② 刘岳：《行政登记行为性质分析及其司法审查》，《衡水学院学报》2007 年第 2 期，第 10 页。

多元化主体举办博物馆的盲目性，在博物馆统一规划的范围内，更好地保证博物馆地域分布和类型组合上的合理性、科学性。并且在新公共治理行政改革背景下，也是对博物馆举办人利益的保护和社会公众基本文化权利在生存照顾理念下的体现。另一方面，举办人对博物馆设立价值取向的多元化，是需要所有博物馆管理者、参与者积极面对的客观现实，也需要相关理论和行政管理的积极回应，其中当然也包括文物主管部门依法完善政策和行政行为的针对性，致力于提高行政效率、保护相对人合法权益、保障公众基本文化权利实现等方面的探索和改革。因此，笔者认为，博物馆法人设立原则可以区分为两个层面的审核标准：一是博物馆作为公共文化服务机构的专业标准，二是博物馆具有法律意义上的人格标准。前者基于行政法视野下的公物规则，而由文物主管部门负责审核许可，后者基于民法视野下的法律主体规则，而由法人登记主管部门负责审核许可或确认。做这种区分的作用在于：第一，有利于在现有法律框架下区分对博物馆的法人管理与行业管理，为新时期市场经济条件下探索和完善博物馆的行政管理立法体系提供可供参考的理论架构。第二，有利于在对博物馆行政管理实务中合理构建文物主管部门与其他行政管理部门之间、行政管理部门与博物馆法人之间、行政管理部门与博物馆相关权利人之间的权利义务体系。第三，有利于文物主管部门在对实际存在的为数众多的非法人博物馆进行行政管理时提供比较合适的法理学依据。

二、博物馆法人成立的实体要件——特定人与特定物的结合

博物馆作为非营利法人，在成立要件上与营利性法人有明显区别。在我国，参照《民法通则》、《博物馆条例》等法律规范中关于博物馆成立要件的规定，博物馆法人的成立要件可以概括为实体要件和程序要件。其中，程序要件已经在上文关于博物馆法人设立原则的分析中有所涉及，这里仅就实体要件作简要分析。

对比我国与其他国家和地区关于设立博物馆实体要件的立法规定可以发现，由于各国立法所依据的法律传统和社会状况不同，在条文表述上也存在差异。[①] 不过，博物馆作为具有普世性特征的文化现象，各国立法在对其构成要件的规定上仍然存在一些共性，即都包括藏品、馆舍和设施、专业人员三个基本要件。正如日本学者鹤田总一郎先生所言："博物馆是人和物的

① 比如：我国《博物馆条例》（2015 年）第十条第一款规定："设立博物馆，应当具备下列条件：（一）固定的馆址以及符合国家规定的展室、藏品保管场所；（二）相应数量的藏品以及必要的研究资料，并能够形成陈列展览体系；（三）与其规模和功能相适应的专业技术人员；（四）必要的办馆资金和稳定的运行经费来源；（五）确保观众人身安全的设施、制度及应急预案。"《日本博物馆法》（1951 年）第十二条规定：……地区教育委员会应当审核所申请的博物馆是否符合下列要求：……（1）（博物馆设立）目的所必需的博物馆资料；（2）（博物馆设立）目的所必需的学艺员和其他工作人员；（3）（博物馆设立）目的所必需的建筑和土地；（4）一年向公众开放 150 天以上。《英国博物馆认证制度之认证标准》（2004 年修订）从管治和博物馆管理、用户服务、公共设施、藏品管理角度对博物馆实体要件作了较为宽泛的规定，并在自愿认证基础上由认证委员会行使自由裁量权。《美国（博物馆）评审制度标准》（2002 年）从领导与组织机构、藏品、教育、财政稳定、设施及风险管理几方面对博物馆应该具有的特征进行了原则性规定。

结合。”[①]

首先，博物馆作为一种文化现象源起于藏品收藏，藏品既是博物馆业务活动的物质基础，也是博物馆的首要服务对象，离开藏品，也就谈不上博物馆的存在。一定数量的、自成体系的博物馆藏品以及必要的研究资料是博物馆文化个性的重要标志。比如对于钱币类专题博物馆来说，其藏品体系必然是由一定数量的与钱币历史、制作工艺、文化源流等与博物馆个性密切相关的藏品和资料构成的；而古陶瓷博物馆的藏品体系必然应该是以古陶器实物、标本、资料等为基础建立起来的。

其次，博物馆需要具备相应标准的馆舍和设施包含了两方面内容：一是相对固定的馆舍，二是符合相应标准的藏品保管和观众服务设施。一方面，相对固定的馆舍是博物馆存在和提供公共服务的重要物质基础，对博物馆固定馆址的强制性规定也是许多国家博物馆立法的基本要求。当然，从法规条文的表述来理解，博物馆拥有自己的馆舍，并不要求博物馆对馆舍必须拥有所有权，而是要求博物馆对馆舍拥有受法律保护的、能满足博物馆需要的占有权和使用权。另一方面，博物馆是收藏、保护、展示人类活动和自然环境见证物的场所，如果没有能够保证博物馆实现这些功能的设施，比如藏品储存柜、展柜、无障碍设施等，博物馆也不可能正常履行相应职能，观众也无法对博物馆进行有效利用。

第三，博物馆专业人员是博物馆存在和履行职能所必需的智力因素。毋庸讳言，博物馆是专业性非常强的技术组织，日

---

① （日）鹤田总一郎著，华惠伦、陈国珍整理：《博物馆是人和物的结合》，《中国博物馆》1986 年第 3 期，第 38—42 页。

常工作和业务工作都离不开相应的智力支持。比如，藏品征集需要工作人员具备一定的藏品鉴别能力，藏品保管需要工作人员具备符合博物馆专业要求的知识体系储备，而对藏品的科技保护也离不开具有相关学科领域的智力支持。事实上，在许多国家的立法和实践中，对博物馆从业者应该具备的条件都是有明确和严格限制的。比如日本博物馆立法对馆长、学艺员和其他职员的任职资格、工作职责、任命程序等都进行了具体规定。波兰、爱沙尼亚等国家博物馆立法都有对博物馆馆长所应该具备的条件和任命程序的规定。我国《北京市博物馆条例》也有对博物馆馆长以及专业技术人员应具备条件的明确规定。

三、博物馆法人的类型划分——双轨制的比较法分析

马俊驹教授指出："法人分类是立法对不同法人形态的组织结构和行为规则进行系统化抽象的结果，因此在构建法人制度的过程中，始终将有关法人分类的理论和原则作为重点研讨对象。"① 对于博物馆法人制度而言，明确博物馆法人的不同类型，也是准确认识博物馆这一社会现象所必需重点关注的问题。在我国，博物馆法人的分类基本是以博物馆资产所有权的类型进行的双轨制划分，即根据所利用或主要利用资产所有权的不同，将博物馆分为国有博物馆和非国有博物馆，在此基础上，又将其分为依照《事业单位登记管理暂行条例》成立的事业单位法人和依照《民办非企业单位登记管理暂行条例》成立的民办非

① 马俊驹：《法人制度的基本理论和立法问题探讨》（一），http：//www.docin.com/p—216175608.html

企业法人。

对比我国《民法通则》关于法人类型的规定就会发现，《博物馆条例》在博物馆法人定位的周延性和准确性上仍然存在有比较模糊的地带，具体表现在以下两方面：一是将所有国有博物馆法人归于事业单位法人的范围过于泛化。根据《事业单位登记管理暂行条例》，事业单位是指："国家为了社会公益目的，由国家机关举办或者其他组织利用国有资产举办的，从事教育、科技、文化、卫生等活动的社会服务组织。"[①] 实践中，利用国有资产举办博物馆的主体既包括国家机关，也包括其他组织，自然也应该包括作为私法人的营利性企业法人在内。从《博物馆条例》第 5 条规定的"国有博物馆的正常运行经费列入本级财政预算"来看，由国有企业举办的博物馆运行经费也应该被列入相应级别的财政预算。也就是说，国有企业作为私法主体只要根据法律对博物馆设立条件的要求设立了非营利性博物馆法人，就应当被纳入到一定级别政府财政预算中，并予以正常运行经费保障，这显然与各级政府财政预算机制不相匹配，也与我国博物馆实务中的实际情况存在差距，其可行性和合理性也值得进一步探讨。二是非国有博物馆法人与《民法通则》中的法人类型不对应。《民法通则》将我国法人分为企业法人、机关法人、事业单位法人和社会团体法人，[②] 其中，后三类也可以总括为非企业法人。如果将博物馆法人与我国法人分类进行比较就会发现，虽然可以将国有博物馆法人归属于事业单位法人

---

① 《事业单位登记管理暂行条例》第 2 条第 1 款，中华人民共和国国务院令(第 252 号)，2004 年 6 月 27 日修订。

② 《民法通则》第 51 条，1986 年 4 月 12 日第六届全国人民代表大会第四次会议通过。

范畴，但非国有博物馆法人则找不到对应的种属关系。非国有博物馆法人既不属于企业法人，也不属于非企业法人中的机关法人和事业单位法人，那么是否属于社会团体法人呢？在我国，社会团体法人不同于大陆法系法人体系中的社团法人。社会团体是指“中国公民自愿组成，为实现会员共同意愿，按照其章程开展活动的非营利性社会组织”。[①] 可见社会团体法人属于以人的组合为成立基础的法人，而从非国有博物馆法人成立的要件来看，其并不属于人合性质的法人，也当然不属于社会团体法人范畴。根据非国有博物馆法人设立程序，其应该属于法人型民办非企业单位。“民办非企业单位”的概念首见于 1996 年中共中央办公厅、国务院《关于加强社会团体和民办非企业单位管理工作的通知》（中办发〔1996〕22 号文）。1998 年颁布的《民办非企业单位登记管理暂行条例》第一次比较系统地规定了相关制度，其中将民办非企业单位的民事法律主体地位界定为个人型、合伙型和法人型三类。应当说，将非国有博物馆法人定位于法人型民办非企业单位是我国市场经济发展进程中新创设的法人类型，具有鲜明的中国特色。

虽然西方国家在博物馆法人分类上也采取了双轨制分类的立法设计，但与我国博物馆法人的双轨制分类存在本质区别。我国的双轨制是基于博物馆资产的所有权不同进行的分类，西方国家的双轨制则是基于博物馆举办主体的性质不同而进行的分类。法人制度自 1900 年《德国民法典》在立法层面确立以来，即把全部法人进行了公法人和私法人的基础性划分，然后

---

① 《社会团体登记管理条例》第二条第一款，中华人民共和国国务院令（第 250 号），1998 年 9 月 25 日国务院第八次常务会议通过。

又把私法人划分为社团法人和财团法人，进而又将社团法人区分为营利法人和公益法人，并成为大陆法系国家进行法人类型划分的通行模式。在博物馆法人分类上，根据博物馆举办人的不同，一般将博物馆分为公立（国立）博物馆法人和私立博物馆法人两类，前者是行政部门公共服务职能的延伸机构；后者则是与行政主体、市场主体相平行的具有社会公益属性的第三部门。① 相应的，公立（国立）博物馆具有公法人属性，私立博物馆则具有私法人属性，均属于非营利性法人范畴，只不过在公法人与私法人的区分标准和方式上各个国家立法和实务有所不同。

在德国，公立博物馆既不具备以人的组合为要素的社团法人特征，也不具备单纯以特定财产为核心的基金会法人特征，而是表现出特定人与特定物相结合的公营造物特征，是公法上的机构，属于公法人的范畴。其特点主要有：博物馆法人的成立需有相应的法律依据；博物馆法人不仅具有民事主体地位，而且是行政组织的延伸或拓展部分，享有依法行使部分公务的权力。在法国，公立博物馆与学校、医院、图书馆等机构的法律性质均属于“公立公益机构”或“公务法人”。其公法人性质主要体现在四个方面：其一，公立博物馆的创设行为属于公法上的行为；其二，公立博物馆藏品均属于行政公产；其三，公立博物馆法人的公权力主要体现在积极权力和消极权力两个方面；其四，公立博物馆法人在履行其职能的过程中作为被告时，其诉讼管辖权归属于法国行政法院。1963 年 Montagne c. Réunion

---

① 笔者注：“第三部门”理论首先由美国学者 Theodore Levitt 提出，用以统称处于政府和营利性市场主体之间的社会组织。

des musées de France 一案中，[①] 上诉行政法院将当事人从法国博物馆联合会获得的一幅油画认定为公产的判决，不仅开启了公物法历史上首次将动产纳入公物管理的先河，而且也从诉讼管辖角度说明了博物馆的公法人属性。

就私立博物馆法人而言，在区分公、私法人的国家或地区基本将其纳入私法财团法人的范畴。财团法人是以财产为基础成立的法人，是将特定财产赋予法律人格的法律技术设计，主要具有以下几方面基本特征：第一，法人的设立以财产的捐助为基础。第二，法人财产属于独立财产。捐助人一旦捐出财产，即不再与捐助财产有任何实质上的物权关系，捐助人不能干涉博物馆对所捐助财产的依法使用和处置。第三，属于他律型法人。博物馆并没有股东会这一法人意思机关，捐助人的意思主要体现在章程中，理事会或者董事会依据章程的规定行使职权。第四，藏品退出馆藏有着严格限制。比如《法国博物馆法》第十一条款在保护国家优先权前提下对私立博物馆藏品的退出馆藏程序作了详细规定。

四、博物馆的法人治理结构——法人机关与意思自治

《博物馆条例》第 17 条规定：“博物馆应当完善法人治理结构，建立健全有关组织管理制度。”民法上的法人治理结构是指为了法人目的事业的达成，在法人内部分权和制衡基础上建立起来的由决策机关、执行机关和监察机关组成的法人管理系统。

---

① 侯宇著：《行政法视野里的公物利用研究》，清华大学出版社，2012 年版，第 30 页。

法人治理结构是伴随着法人制度的确立，首先在社团法人管理模式中产生并发展成熟，并在财团法人管理模式中得到变通利用。对于社团法人来说，股东会是决策机关，董事会是执行机关，监事会是监察机关；对于财团法人来说，由于没有股东存在，自然也没有股东会，只有在章程范围内代表法人意思的理事会或董事会作为决策和执行机关，以及作为监察机关的监事会。

在我国相关配套的指导性文件中，将作为事业单位法人的国有博物馆和作为民办非企业法人的非国有博物馆的法人治理机构进行了统一立法设计。《国家文物局关于贯彻执行〈博物馆条例〉的实施意见》指出："完善以理事会为核心的博物馆法人治理结构……建立和完善以理事会及其领导下的管理层为主要架构的事业单位法人治理结构，把行政主管部门对事业单位的具体管理职责交给理事会，逐步实行理事会决策、馆长负责的运行机制。"可见，我国博物馆法人治理结构由两个法人机关组成，即"理事会"和"管理层"，前者既是决策机关，又是监督机关，后者则是执行机关，负责博物馆的具体运行。就两者关系来看，"理事会"是核心，管理层对内向理事会负责。

笔者认为，我国博物馆以理事会为核心的法人治理结构具有以下几方面优势：其一，博物馆理事会具有广泛代表性，体现了博物馆的公益性质。从博物馆理事会的人员组成来看，国有博物馆的理事会"应由政府有关部门、举办单位、事业单位、服务对象和其他利益相关方的代表组成。直接关系公众切身利益的博物馆，本单位以外人员的理事要占多数"。[①] 非国有博物

① 国家文物局：《博物馆条例释义》，中国法制出版社，2015年版，第56页。

馆的理事会“应具有依法设立由举办者或其代表、社会人士代表等人员组成的理事会（董事会）或其他形式的决策机构，其组成人数应在 3 人以上。其中三分之一以上的理事（董事）应当具有 5 年以上博物馆从业经验。民办博物馆接受政府资助或有政府财产投入的，其理事会宜有政府代表或政府指派的人员参加”。[①] 其二，体现了以利益相关者为本位的法人治理原则。在传统法人治理结构模式下，股东会基于资本所有者的地位，在法人治理结构中居于核心地位，董事会和监事会由股东会产生，向股东会负责，其目的是为了最大限度地保护股东的利益，因此这种模式也称为以股东为本位的法人治理结构。而在以利益相关者为本位的法人治理结构理论下的分权与制约，加强了向雇员的分权和对股东的制约，股东会的地位被削弱，董事会、监事会的地位相应增强。[②] 与社团法人治理结构中的利益相关者本位原则相比，我国博物馆法人治理结构的利益相关者本位原则已然突破了法人内部股东和雇员的局限，而体现出更加广义的利益相关者特征。其三，公众参与理事会决策和监督体现了法律对公众文化遗产权[③]的尊重和保护。王云霞教授认为，文化遗产权并不以所有权为存在前提，既可以有基于自有文化遗产所有权基础之上的文化遗产权，也存在有根植于他有文化遗产

---

① 国家文物局：《关于民办博物馆设立的指导意见》第二条第一款第七项，文物博发（2014）21 号。

② 马俊驹：《法人制度的基本理论和立法问题探讨》（二），http：//www.docin.com/p－216175608.html

③ 王云霞：《论文化遗产权》将文化遗产权定义为：“特定主体对其文化遗产的享用、传承与发展的权利。享用是主体对文化遗产的接触、欣赏、占有、使用以及有限的处分权利，传承是主体对文化遗产的学习、研究、传播的权利，发展则是主体对文化遗产的演绎、创新、改造等权利。”载“文化遗产法研究网”，http：//www.cnchl.net/a/yjcg/feiwuzhiwenhuayichandefalvbaohu/2011/0525/2677.html

所有权基础之上的文化遗产权，只是“由于文化遗产的所有权属性不同，每个人对其享有的权利范围亦有不同”。[①] 博物馆作为收藏、保护和提供公众利用文化遗产的公共机构，通过法人治理结构让公众参与到博物馆的决策和监督中，为公众文化遗产权的实现创造了条件，也是法律对公众文化遗产权保障的具体措施。另一方面，理事会和管理层模式的缺点在于，理事会集决策权和监督权为一体，似乎有自己监督自己之嫌，与法人治理结构所主张的内部分权和制衡的基本要求相矛盾。因此，如果能建立起兼具广泛代表性的理事会、馆长负责制下的高效管理层和代表社会公共利益的监事会三位一体的博物馆法人治理结构，或许效果会更好。

法人治理结构的初衷和目的是实现法人意思自治，法人意思自治同时也是法人独立的重要标志，这一点，博物馆法人也概莫能外。法人意思是指组成法人机关的自然人以法人的名义所表示出来的意思或意志，是法人参加民事法律关系的必要条件。[②] 笔者认为，广义的博物馆法人意思可以区分为法人的设立意思和行为意思。设立意思是指举办人和行政机关对博物馆设立的意思表示。其中，博物馆举办人的意思集中体现在章程中，主要是确定博物馆法人的总体目标和活动宗旨。行政机关的意思表示主要体现在博物馆法人成立的许可和确认上。行为意思是指博物馆法人机关在法律和章程规定的范围内，对其所实施的具体法律行为而做出的意思表示。狭义的博物馆法人意思仅

---

① 王云霞：《论文化遗产权》，载“文化遗产法研究网”，http：//www.cnchl.net/a/yjcg/feiwuzhiwenhuayichandefalvbaohu/2011/0525/2677.html

② 马俊驹：《法人的意思》，http：//www.ndcnc.gov.cn/datalib/2003/NewItem/DL/DL－456779

指博物馆的行为意思而言，本文也立足于狭义的博物馆法人意思进行探讨。

意思自治是指自然人和法人作为民事主体，可以在法律允许的范围内依其自身的意思去创设自己的权利义务。其中，法人意思自治体现为团体意思的自主形成，并以其自己的名义独立参与民事法律关系，实现法律认可和保护的利益。[①] 博物馆法人意思自治要求博物馆法人机关应当根据法律和章程规定独立进行意思表示，而不受举办人和行政主体意思的干涉。从权利法源来看，博物馆法人作为社会组织，其团体意思源自于法律和章程的规定或授权。因此，所谓的博物馆法人意思自治并不是绝对的、无限制的，必须在法律和章程规定的范围内实现其意思自治。也就是说，国家意思和举办人意思是博物馆法人意思自治的前提，博物馆法人在法律规范层面上服从于国家意思，而在章程规定层面上服从于举办人意思。就博物馆法人意思自治的内容而言，可以分为决策意思自治、执行意思自治和内部监督意思自治。法人意思的形成和实施是通过由自然人组成的法人机关来完成的，在这个过程中，兼顾民主和效率是由自然人意思发展为法人机关意思所必需遵守的原则，这一点无论是对国有博物馆法人还是非国有博物馆法人来说都是相同的。

五、博物馆法人的责任形态——独立责任与责任财产

如果说法人治理结构解决了法人内部分权和制衡的问题，

---

① 马俊驹：《法人制度的基本理论和立法问题探讨》（二），http：//www.docin.com/p—216175608.html

保障了法人意思的自治，从而有利于博物馆能够正常运行的话，那么，博物馆法人的责任形态则是在平等原则上协调博物馆与第三人权益关系的基础，是博物馆法人地位的直接体现。

所谓法人责任形态是指法人独立承担责任的范围，以及其成员或创设人是承担有限责任还是承担无限连带责任。我国《民法通则》在法人责任形态的设计上，并没有区分企业法人和非企业法人责任形态的不同，而是以企业法人为标准统一规定了有限责任的独立法人责任形态，从而也造成了机关法人、事业单位法人等非企业法人责任形态上的单一性。事实上，虽然实行法人制度的国家都受到了德国传统法人制度中以有限责任为特征的单一法人独立责任形态的影响，但是，也有不少国家和地区根据本国政治、经济、文化和法律传统作了相应取舍，并没有将法人成员的有限责任作为法人的强制性特征。比如法国、日本、我国台湾地区、澳门地区、意大利、俄罗斯、韩国等。其中，博物馆法人作为公法人或财团私法人，其在责任形态上也并不一定是以有限责任为唯一选择。本文无力就我国法人责任形态的庞大命题深入讨论，只是将我国《民法典》起草过程中与博物馆法人责任形态相关的一些研究基础和不同观点稍作介绍，以此为接下来的分析提供必要的理论背景。当然，本文仍然是在现有法律框架下对我国博物馆法人责任形态进行探讨，这一点是需要说明的。

博物馆法人独立责任要求博物馆对“以自己的名义从事的活动所产生的债务，需要以自己既存的或将来可能取得的全部财产承担责任”，[①] 博物馆举办人及博物馆内部成员均不对博物馆债务承担责任。这种法人责任形态的优缺点至少体现在以下几方面：第一，保证了举办人人格与博物馆人格的分离。举办人自从博物馆取得法人资格开始，就在人格上与博物馆完全脱离，一个法律主体显然不应该为另一个平等存在的法律主体承担由后者所应独立承担的民事责任。第二，减轻了举办人举办公益事业的风险，有利于调动社会力量举办博物馆的积极性。由博物馆法人独立承担民事责任，可以让举办人免于对博物馆运行过程中不可预见风险的担忧，从而将其精力和财力重点集中于博物馆的设立和资助上，这无疑对举办人、博物馆以及社会公众的福祉都具有积极意义。第三，不利于对第三人利益的保障。博物馆作为提供公益文化服务的组织，并不以追求资产的营利性为目的，其大部分资产结构具有明显的公益性质，因此其承担民事责任的能力与企业法人相比是非常有限的。然而，对于第三人来说，当它与博物馆之间产生民事关系时，不可能、也没有义务对博物馆法人行为进行责任能力上的判断，这必然会导致第三人利益风险的存在。也正因如此，法律才要求博物馆法人的民事行为应该限制在与博物馆宗旨和目的事业相关的领域和程度。

需要注意的是，《博物馆条例》不仅在博物馆设立条件中规定了需要有“稳定的运行经费来源”，而且要求“国有博物馆的正常运行经费列入本级财政预算；非国有博物馆的举办者应当

---

① 任尔昕、王肃元：《我国法人民事责任制度之检讨》，《政法论坛》2002 年第 2 期，第 52 页。

保障博物馆的正常运行经费”,[①] 由此也明确了举办者对博物馆的经费义务。但是，博物馆法人的民事债务必然会与博物馆的正常运行产生关联，如果政府和举办者应当保障博物馆的正常运行经费，是否意味着政府和举办者也应该对博物馆法人债务承担无限连带责任呢？这显然与我国民法中的法人独立责任形态是相矛盾的。现在看来，在我国《民法典》尚未出台的实定法框架下，相关配套的法律解释需要在这些方面发挥必要的辅助作用，以协调博物馆法人责任形态的实际落实。

博物馆独立法人责任最终需要落实到法人财产上，那么哪些博物馆财产或财产权利可以作为责任财产？回答这个问题，需要从两方面相向而行来理解：一是责任财产的范围如何；二是哪些财产不能成为责任财产。首先，责任财产应该是私物，公物不能作为责任财产。公物是指直接或间接提供公众利用的物，主要适用行政法调整，包括公务用公物和公众用公物，比如藏品、馆舍、文物保护设施等；而私物则是指博物馆所有的公物之外的物，主要适用民法规则调整。由于公物直接关系到博物馆作为公益性组织的条件是否适格，以及公物作为行政主体在提供公共服务职能上之物的要件，因此与社会公众福祉紧密相关。将博物馆中的公物被排除在民事责任财产之外不仅是国际立法中的通行规则，也符合我国相关法律不得将这类财产作为强制执行标的、不得提供担保的立法精神。[②] 其次，责任财产既包括有形财产，也包括无形财产。作为传统物权客体，有

---

① 《博物馆条例》第五条，2015 年 1 月 14 日国务院第七十八次常务会议通过，2015 年 3 月 20 日起施行。

② 比如《担保法》第三十七条第三项，1995 年 6 月 30 日第八届全国人民代表大会常务委员会第十四次会议通过，1995 年 10 月 1 日起施行。

形财产是常见的责任财产，比如交通工具、餐饮设施、经营性收入等。随着博物馆文化产业的蓬勃发展，著作权、专利权、商标权等无形财产的经济价值也越来越成为博物馆的重要资产，从某种意义上来说，博物馆的无形财产的经济价值甚至超过了有形财产创造的经济价值，因此某些知识产权的使用权甚至部分所有权也存在可以被纳入责任财产的可能性。最后，责任财产的比例不得影响到博物馆的正常运行。虽然从民法理论上来说，博物馆的私物作为法人自由支配的财产，可以任由其物权人依法支配，但是，由于博物馆的存在和运行直接关系到社会公众在公共文化服务方面的需求，且这种需求不仅是博物馆行为所产生的反射利益，在公法私法化背景下，更是宪法所赋予公众的基本文化权利的体现。因此，如果责任财产直接影响到博物馆正常运行，则需要考虑到公共利益原则的约束。当然，为了避免公共利益原则的不合理扩大而影响到第三人合法权益，在责任财产及其范围、比例的认定和把握上，还需要在司法实践中结合具体情况做出合理判断。

总之，博物馆法人既具有民法意义上的民事主体属性，又表现出行政法意义上的公物法人特征。虽然我国相关立法对博物馆法人制度作了较为详细的规定，但在司法实践中仍然会存在一些部门法之间相互协调的问题。客观地说，这些问题的存在既与博物馆固有的行业特性紧密相关，同时也深受现有立法框架下我国所特有的法人制度体系的影响。因此，结合域外相关法人制度理论和实践，对我国博物馆法人制度中的相关问题进行跨学科、跨部门法的探究，并在立法实践中加以制度构建显然还有很长的路要走。

第四章　博物馆藏品的公物属性

一、博物馆藏品的基本特征

博物馆藏品是博物馆的基本构成要件之一，离开了藏品，博物馆将会失去存在和运行的基础。不过，在我国，如何界定“藏品”，相关立法并没有明确定义。从《博物馆条例》第二条第一款“博物馆”的定义中可以将“藏品”概括为“人类活动和自然环境的见证物”。不难看出，此处是从藏品文化内涵的视角进行概括的。而在法律上如何对“藏品”进行定性，则没有进一步明确，仅在第二条第二款有如下表述：“博物馆包括国有博物馆和非国有博物馆。利用或者主要利用国有资产设立的博物馆为国有博物馆；利用或者主要利用非国有资产设立的博物馆为非国有博物馆。”在法律语境下，这里所指的“资产”显然具有私法意义上“财产”的特征，并且在范围上应当包括馆舍、各种博物馆硬件设施、藏品等在内。由此，对博物馆藏品的界定可以从三方面来入手：一是信息性，二是财产性，三是拟制性。

1. 信息性

藏品作为“人类活动和自然环境的见证物”，是见证人类社会发展和自然环境变迁的物质载体，承载着丰富的历史文化信息。根据博物馆藏品管理工作习惯，可以把藏品所承载的历史文化信息的层次具体解构为结构性信息、功能性信息、联系性信息和记录性信息。结构性信息是指藏品的造型、材质等直观物理特征；功能性信息是指藏品的功能和用途；联系性信息是指与藏品有关的人和事；记录性信息是指藏品所反映的某一历史时期的社会背景，以及不同历史时期之间的传承与发展关系。以著名的《富春山居图》为例，创作于元代的原作目前分为《剩山图卷》和《无用师卷》两部分，分别收藏于浙江省博物馆和台北故宫博物院。藏品所用的纸绢、色料、装裱材质均是某一历史时期实际状况的体现，具有独特的物理特质，当属藏品的结构性信息范畴。从美术作品的风格来看，作品整体着色淡雅，构图疏密有致，远近结合，富于变化，烟雨朦胧的江南景色被作者抒发得淋漓精致，真实地反映了作者黄公望的感情表达和艺术风格。不仅如此，作为一件经历了 600 余年的绘画作品，屡次被人收藏、题记、题跋，从某种意义上来说，现在的作品已成为一件集众多历史人物墨迹的新作品。并且，随着历史的变迁，这件作品已经超越了纯粹艺术作品的范畴，而承载了太多的历史人物的喜怒哀乐、朝代更迭的世事无常以及悲欢离合的人间真情，成为兼具艺术欣赏、传统文化教育等功能的文化之物。直至现在，仍然作为特殊的文化使者，在海峡两岸文化交流中发挥着特殊的作用。不难看出，这些文化内涵的丰富及功能的扩张，正是藏品功能性信息和记录性信息、联系性信息的综合体现。

一般而言，藏品的历史文化信息在许多情况下并不是显而易见的，往往需要借助于大量学术研究和科学考察工作才能得以了解。以国家博物馆广为人知的“司母戊”大方鼎为例，这件文物长期以来被视为中国青铜时代冶炼技术的代表作，并且因其在抗日战争时期具有传奇色彩的保护经历而成为爱国主义教育的典型素材。显然，无论器物本身反映的青铜冶炼工艺，还是其所蕴含的爱国主义情结，都是在研究人员的专业研究和挖掘基础上得以认识的。不仅如此，这件藏品信息价值的复杂之处还在于对其铭文的释读上。几十年来，研究人员将器身铭文释读为“司母戊”，在国家博物馆新馆重新开放时，将其更改释读成了“后母戊”，意思是为母后“戊”所铸的礼器。不难看出，简单的一字之差，却经历了专业人员数十年的科学分析和研究论证，而这也充分反映了对藏品历史文化信息的研究和认识具有很强专业性和相对性的特点。

2. 财产性

法律语境下，藏品的财产性主要是通过利用和交换等方式，进而以经济收益的表现形式体现出来的。藏品作为具有文化价值的资产，利用是指以不损害物的原真性为前提的利用，在实践中通常表现为将其作为一种文化资源的利用。随着我国市场经济的发展和完善，文化资源也作为产业元素派生出不同类型的文化产业链，如旅游产业、国学教育、文化出版等。与藏品作为文化资源利用相比，藏品的财产性更多地体现在它的交换价值上。比如在文物流转中，文物的财产性得以凸显，在这里，文物既有纯商品的特点，又被赋予了储值财富载体的功能。虽然作为博物馆藏品的文物不能像其他财产那样自由流转，但其所具有的潜在财产性是显而易见的。正是由于文物所具有的财产价值，才使其成为以调整财产关系为主要内容的民事法律规范所保护和规范的对象。[1] 国外立法中，日本、希腊、埃及等许多国家也都将文物视作“文化财”加以规范。

从藏品的信息性和财产性的关系来看，前者无疑处于核心地位，离开了信息性的支撑，财产性也就大打折扣。比如，一件汉代铁铧犁与一件新铸铁铧犁相比，两件物品财产价值的源起因素是截然不同的。新铸铁铧犁的财产价值依托于其具有的可以用来耕地的使用价值，而汉代铁铧犁的财产价值并不是依托于它用作耕作工具的实际使用价值，而是源自于它所蕴含的历史文化信息，比如铸造工艺、使用人情况、出土地点、存世量的多寡等等。因此可以说，藏品的信息性是财产性的基础，财产性在某种意义上是信息性的一种外在表现指标。当然，强调文物的信息性和财产性之间的关系并不否认其他因素对财产性的影响，比如市场供求关系等。

3. 拟制性

无论“人类活动和自然环境的见证物”被什么人收藏，其所具有的信息性和财产性都是其自身固有的，并不会因收藏主体的不同而出现或消失。因此，博物馆藏品所具有的信息性和财产性只是回答了怎样区分“见证物”与“非见证物”的问题，并没有回答“博物馆藏品”与“非博物馆藏品”之间的区别问题。而在现实生活中，博物馆藏品在收藏的方式、范围、条件、

---

① 《民法通则》第七十五条第一款规定：“公民的个人财产，包括公民的合法收入、房屋、储蓄、生活用品、文物、图书资料、林木、牲畜和法律允许公民所有的生产资料以及其他合法财产。”这里明确将“文物”与我们常见的房屋、储蓄等财产并列，显然是对文物的财产属性的认可和规范。《物权法》第五十一条也作出如下规定：“法律规定属于国家所有的文物，属于国家所有。”这里是从所有权客体的角度对文物的法律地位进行了明确，显然也是从文物的财产属性入手的。

管理、处置等方面的确与非博物馆藏品之间存在很大不同，并且这些不同基本都可以在相关法律规范中找到实定法依据。也就是说，法律将“博物馆藏品”视为专门的调整对象，具有明显的法律拟制特征。

法律对博物馆藏品的拟制，在形式上表现为博物馆依法实施了对见证物的收藏行为，在实质上则是博物馆作为社会公共服务机构所承担的收藏职能的体现。见证物被博物馆收藏的意义在于通过法定的收藏及命名程序使其与非博物馆收藏的见证物相区别，并使其完成从私法意义上的“财产”向公法意义上的“物”的转换，从而使得博物馆藏品在适用法律规范上表现出明显的公法特征，即见证物由拟制之前主要以私法调整为主，公法调整为辅，转变为主要以公法调整，只有在公法允许的范围内，才适用私法调整规则。

博物馆藏品在私法层面上与其他“资产”类似，均表现出鲜明的“财产”价值。只是法律对博物馆藏品的财产价值能否实现，以及怎样实现相较于其他主体收藏的“见证物”约束更多。需要强调的是，从“财产”视角来把握博物馆藏品的特征必须建立在两个前提之下：一是财产是基于《博物馆条例》中关于“资产”一词的横向解读，此处的“资产”并不等于严格意义上的“博物馆藏品”。二是财产主要是在私法意义上而言的，当“资产”由于博物馆的设立或基于博物馆存续期间收藏职能的发挥而被命名为“藏品”时，对“财产”的法律属性解读也必须限定在私法范畴之内。与私法层面的法律属性相比，公法层面上的法律属性则要相对复杂得多，而这也是下文将要探讨的主要方向。

另外，《博物馆条例》并没有明确其所依据的上位法，这与

2005 年文化部颁布的《博物馆管理办法》有着重要区别。据此，本章所探讨的博物馆藏品的范围既包括馆藏文物，也包括标本、资料等非文物藏品。

二、域外立法及学说对博物馆藏品的法律定位

现代博物馆和近现代法学思想几乎同一时期从西方传入我国，不过百余年历史，与我国博物馆实践和理论研究相比，无论是博物馆实务，还是与博物馆相关的法学理论研究，西方发达国家在许多方面都有着丰富的积累，因此，对这些国家和地区的立法和相关法学理论进行比较分析，有助于对博物馆藏品法律地位的内在因素的把握。

1. 大陆法系实定法中的“公物”

《法国博物馆法》（2002 年）虽然没有对博物馆藏品进行专门定位，但是从其对藏品的收藏、管理条款中可以总结出以下几方面的特点：第一，尊重所有权主体的多元性。所有权是法国博物馆藏品权利（权力）体系中的基础权利。从实定法条款列举的所有权类型来看，法国博物馆藏品所有权包括国家所有权、公有性质的法人所有权和非营利性私人性质的法人所有权。比如卢浮宫和吉美亚洲艺术博物馆藏品属于国家所有，巴黎历史博物馆和赛努奇博物馆藏品属于公有性质的法人，即巴黎市政府所有，而法国东方艺术博物馆藏品则属于非营利性私人性质的法人所有。第二，藏品保存和展出不以营利为目的。不以营利为目的是博物馆收藏与私人收藏的重要区别，立法中通过如下表述对非营利性予以明确：“如果藏品的保存以及向公众展

出改变为营利行为，根据文化部部长的决议，以及其他情况下相关部长的决议，予以撤销其‘法国博物馆’的称号，但之前需通报法国博物馆高级理事会。”[①] 第三，藏品不受时效约束。《法国博物馆法》第 11 条款规定“法国博物馆的藏品是不受时效约束的”。[②] 时效制度是指一定的事实状态在法定期间内持续存在，便发生一定法律后果的法律制度。将博物馆藏品排除在时效约束之外，最重要的意义在于对抗藏品因物权保护理念所倡导的善意取得以及因违法取得的长期实际占有对藏品的博物馆收藏法律关系的稳定性所带来的冲击和伤害。第四，藏品转让受到限制。法国博物馆立法对博物馆藏品的转让以禁止转让为原则，以个别情况下的限制转让为例外。就公立博物馆而言，“属于公共机构的法国博物馆的馆藏属于公共所有，为此，这些馆藏是不得转让的”。[③] 此外，在取得法国博物馆高级理事会认可，并由文化部部长或者其他相关部长（某些情况下）批准的前提下，“公共机构可以无偿将其全部藏品或者部分藏品的所有权转让给另外一家公共机构，但是后者必须保证将该藏品划拨给某法国博物馆使用”。[④] 就私立博物馆而言，根据藏品来源不同，其转让限制也不相同。一方面，藏品所有人准备将不属于国家或者其他公共机构的法国博物馆藏品做降级出售处理时，需要通知相关行政机构其出售意图，并告知准备出售的价格，以恢复对藏品的自由支配权。不过，在不能取得一致意见时，

---

① 国家文物局、中国博物馆学会主编：《博物馆法规文件选编》，科学出版社，2010 年版，第 170 页。

② 同上，第 171 页。

③ 同上。

④ 同上。

相关主管司法机关拥有藏品的定价权。另一方面，通过捐赠、遗赠或者在国家和地方行政机构的协助下所取得的属于非营利性私人性质法人所有的藏品不得以无偿或有偿方式转让。只有在取得法国博物馆高级理事会同意，并由文化部部长或者其他部长（某些情况下）批准后，才允许转让给公共团体或者其他非营利性私人性质的法人，而接受转让一方需要保证受让藏品供法国博物馆展出。

从法国博物馆立法对博物馆藏品的规制特点可以看出，藏品作为一项具有经济价值的财产，承认和尊重其所有权，是市场经济所要求的私法平等原则在行政立法中的必然反映。与此同时，出于对社会公众基于藏品的信息价值而应有的“平等享受文化权”的保护，进而有利于实现社会公众对博物馆藏品的共享，而对藏品物权加以非营利性、排斥时效约束以及限制转让等限制，反映了法国立法对博物馆藏品法律属性定位的大致轮廓，即博物馆藏品是出于公共利益需要而受法国法律特殊保护并提供给社会公众利用的“财产”或“物”。这种建立在公共利益价值取向基础上，由政府依法规制并提供给公众利用的“物”在法国行政法上则属于行政“公产”范畴，也即传统大陆法系国家行政法学理论体系中的“公物”。

2. 英美法系普通法中的“公共信托资源”

由于英美法系国家的非成文法传统，缺少较为系统的博物馆成文法规范，不过，在英美法系国家关于博物馆认证和评审的标准规范中，可以一窥博物馆藏品属性的些许端倪。

与法国将博物馆藏品视为“公物”相比，英美等国则是将博物馆藏品纳入“公共信托资源”的范畴。英国《博物馆认证制度之认证标准》在认证制度目标中有如下表述："……树立博物馆作为承担社会信托责任并持有藏品，和适当管理公共资源机构的信心。"[①] 美国《评审制度标准——可参与评审的博物馆特征》（2004 年）开篇即规定："博物馆是其公共信托资源的称职监管人。"[②] 这里所指的公共信托资源显然包括博物馆藏品在内。简言之，在英美等国家的博物馆公共信托制度中，大致包含着"物"、"受托人"、"财产授予人"、"受益人"等元素，他们之间通过公共信托发生联系。包括藏品在内的博物馆硬件设施是"物"，政府和博物馆是"受托人"，公众是"受益人"。可见，英美法系中的公共信托"资源"与大陆法系中的"公物"类似，都是为了公共利用目的而由国家公权力专门设定的。

公共信托理论源起于对海域、航道等自然资源的公共利用，此后逐渐形成英美普通法中的重要理论，除了在司法判例中广为应用外，也对国际公法产生了深远影响。比如《国际博物馆协会博物馆职业道德》（2004 年）即吸纳了公共信托理论的成果，指出："……博物馆藏品是重要的公共遗产，具有特殊的法律地位，受到国家法的保护。公共信托的核心观念是管理和服务，包括合法所有权、长久保藏、档案记录、提供利用和负责人的处理。"[③]

需要指出的是，无论是大陆法系的"公物"，还是英美法系的"公共信托资源"，其对博物馆藏品法律属性的表述虽然不同，但是其价值取向具有共同性，即都是出于对公共利益服务

---

① 国家文物局、中国博物馆学会主编：《博物馆法规文件选编》，科学出版社，2010 年版，第 160 页。

② 同上，第 166 页。

③ 同上，第 166 页。

的需要，并且公权力主体在保证藏品安全和公众利用公物的权利实现过程中发挥了不可替代的作用。究其二者的理论源流，不难发现它们均是滥觞于罗马法对私物和公物的划分，只是在公物理论建构上表现出了各自的特征，因此都属于广义“公物”的范畴。

3. 藏品的一般法律效力

不难看出，无论是大陆法系还是英美法系，对博物馆藏品法律属性的定位基本上是相同的，即一方面博物馆藏品是行政机关为社会公众提供的公共用物，另一方面则受到公法调整，从而将其纳入公物范畴。

公物和私物的划分是相对的，一件私物出于公共利益的需要可以通过法定程序使其公物化，而公物也可以通过法定程序使其恢复到私物状态，只是二者之间转换的依据和方式需要符合相关法律规定。就公物认定的标准和范围而言，除部分自然资源和立法直接规定外，大部分是依靠判例来区分和认定的。法国早期判例是根据财产的作用来区别公产和私产，直到20世纪50年代以后，受民法改革起草委员会提出的公产标准建议，判例和学说才有了一个明确的和基本上一致的标准，并且得到法院和学术界的采用。根据这个建议，行政主体的公产包括两类，即公众直接使用的财产和公务使用的财产，前者称为公众用公产或共用公产，后者称为公务用公产或公用公产。如前面所述，1963年Montagne c. Réunion des musées de France一案中，上诉行政法院将当事人从法国博物馆联合会获得的一幅油画认定为公产。[①] 该案不仅是首次将动产认可为公产的案例，也是博物馆藏品被认定为公产的最早案例，具有里程碑式的意义。

博物馆藏品被认定为公物的法律效力主要体现在以下几方面：第一，不可让渡。博物馆藏品的不可让渡是指不得自由转让和交易，自由转让和交易是私物财产权的体现，是具体物权人对特定物的直接支配和处置，如果任由私法物权对公物的状态形成冲击或干扰，将会严重影响公物的直接提供公共利用的公益性目的，因此理应受到公物法的约束。不过，公物的不可让渡并不是绝对的，在没有对公共利益造成危害的前提下，也是可以依法转让的。比如建构在私法物权基础上的“德国公物法的二元化模式”以及日本公物理论都对所有权的行使提供了很大的自主空间。第二，不受时效限制。博物馆藏品不受时效限制，主要是针对民法占有制度中的取得时效而言的。如果博物馆藏品与普通私物一样适用取得时效，将会直接危及公物状态的存在。比如善意第三人适用取得时效占有被盗的博物馆藏品，不仅会导致博物馆藏品所有权改变的私法后果，更重要的是侵犯了其所承载的公众利益，造成侵犯公权力的法律后果。这显然超越了私法所能调整的社会关系范畴，因而必须受到公法的特殊保护。第三，不得作为民事担保和强制执行的标的。博物馆藏品如果作为担保和强制执行的标的，很容易被非法私物化，通过扣押、拍卖等方式影响其公物状态的稳定。这一点在《担保法》、《民事诉讼法》等不少实定法规范中都有不同程度的体现。

---

① 侯宇著：《行政法视野里的公物利用研究》，清华大学出版社，2012 年版，第 30 页。

三、博物馆藏品的公物要件分析

在我国，随着管理行政向服务行政的转变，也促进了学界对公物法实践的关注和对相关理论的研究。就公物所应具备的要件而言，国内学者主要有二要件说和三要件说两种观点。二要件说认为，公物需要具备实体要件和程序要件。其中，实体要件包括“共同利益功能和适用公法规则”，程序要件包括“行政主体从形式上作出公用的意思表示以及该财产实际被投入使用”。[①] 三要件说认为，公物应该具备三方面要件：一是公物必须是直接提供公法上的使用；二是必须由行政主体提供；三是必须受公法支配。[②] 本文立足于二要件说对博物馆藏品的公物构成要件进行对位分析。

1. 实体要件

一方面，博物馆藏品具有承载公众共同利益的功能。首先，藏品本身就是承载历史文化信息的物质载体，并且具有普世性特征。这种普世性可以从以下两方面来理解：第一，藏品作为信息载体不同于知识产权客体。知识产权客体是以作品的主观“独创性”为基础的，而藏品的文化内涵则是源自于人类历史或自然变迁的客观积累。并且，这种文化内涵不是通过直接展示就可以完全认识的，而是需要通过专业细致的研究来逐步深入挖掘。也正因为如此，藏品本身所蕴含的历史文化信息不具有

① 肖泽晟著：《公物法研究》，法律出版社，2009 年版，第 24 页。

② 侯宇著：《行政法视野里的公物利用研究》，清华大学出版社，2012 年版，第 28—29 页。

主观独创性，只有对藏品的文化内涵通过研究、挖掘得出的成果才具有独创性，才可以作为知识产权保护的客体。第二，藏品的信息性是开放的。作为人类文明和自然的见证，任何藏品在某种意义上来说都是人类共有的文化资源和文化财富。换句话说，藏品的信息性是开放的，而不是封闭的。比如，《富春山居图》虽然被收藏于博物馆，其财产所有权人也是明确的，但是，这丝毫不能妨碍其他人对该藏品历史文化内涵的分享。再比如，伊拉克极端组织对博物馆藏品的破坏行为，也不能说是行使财产所有权的合法行为。其次，藏品的文化内涵源于对历史的客观见证，对文化内涵的共享是公共利益的正当诉求，这种诉求需要公法调整予以保障。然而，由于藏品毕竟属于所有权客体，因此这种诉求必然会受到所有权的制约，这就要求服务行政创造实现共享诉求的条件，进而依法将其纳入公法调整的范畴。最后，博物馆藏品的拟制以宪法赋予公民的基本文化权利为依据，是为了服务公众文化遗产权的需要。虽然法律对社会公众的文化权利是支持的，但是，在私法所有权存在的前提下，这种文化权利必然会受到所有权的限制。当藏品由私物性质转化为公物性质后，这时的所有权必须要受到公法所保护的文化遗产权的限制。比如，私人收藏家所有的一件元青花瓷器，在没有被命名为博物馆藏品之前，公众对它欣赏、研究的权利是否能够实现，取决于收藏家个人的意愿，公众不可能以享有文化遗产权为由要求收藏家提供欣赏、研究的便利。当这件文物被命名为博物馆藏品之后，在公法优先的前提下，收藏家的个人主观意愿已不能作为影响公众行使文化遗产权行使的决定性因素了。也就是说，这时公众可以通过参观博物馆展览或经过特许的其他公物利用方式，来实现其欣赏、研究藏品的文化遗产权利。

另一方面，博物馆藏品直接适用公法规则调整。第一，“博物馆”及“藏品”来源于法律的拟制，本身就是公法上的用语。迄今为止，诸如《博物馆条例》、《北京市博物馆管理条例》、《博物馆藏品管理办法》等直接对其作出明确规定的法律规范几乎都属于公法范畴，而在私法领域，这些词汇则很少使用。第二，藏品的命名、管理、养护、利用等法律行为均属于行政行为范畴。在围绕藏品发生的多种法律行为中，包括了行政许可行为、行政确认行为、行政合同行为等具体行政行为，由此产生了相应的行政法律关系。比如，行政主体批准博物馆设立，形成了将藏品清单中所列对象转移为公物的确认行为。当博物馆法人依法对藏品进行修复、复制向行政主体进行申请时，行政主体批准的行为属于行政许可行为。当博物馆接受来自行政主体的委托，开展针对藏品的展览、课题研究等业务活动时，也会体现出行政合同行为的特征。第三，藏品所参与的诸多法律关系中，行政主体始终扮演着重要角色，体现出鲜明的行政法律关系色彩。比如，在藏品保护法律关系中，行政主体具有调拨权、检查权、批准权、监督权、处罚权等多种权利（权力）。在藏品利用的法律关系中，行政主体也是作为提供公共服务产品的委托人的主体身份出现的。

2. 程序要件

一件藏品是否属于法律意义上的公物，除需要满足实体要件之外，还需要符合法定的形式要件，即公物命名和公物实际被投入使用，否则，该公物仅仅是事实上的公物，而不是法律上的公物。

公物命名是指："行政主体对私法上的财产作出开始公用的意思表示，从而使其成为法律意义上的公物的行为。"[①] 其目的是确定公物的用途，同时限制所有权人的所有权能。根据德国公物法中"修正的私有所有权"理论，基于对民法所有权的尊重和保护考虑，行政主体在对公物进行拟制时，采用"命名"方式来设立公物。在我国，受德国民法理念影响，从方便私法与公法之间的衔接考虑，一般也将对公物的命名视为公物设立的形式要件之一。[②]

笔者认为，就博物馆藏品而言，公物命名可以分为直接命名和间接命名两种。直接命名是指行政主体在博物馆设立时，对设立人提出的藏品清单进行审核，与博物馆机构的设立一并作出许可设立的意思表示，从而直接产生公物命名的效力。《博物馆条例》第十条规定申请设立博物馆应当具备的条件中，就包括"相应数量的藏品以及必要的研究资料，并能够形成陈列展览体系"的规定。间接命名是指博物馆存续期间，基于立法和行政主体对博物馆收藏职能的授权，通过征集、登记、备案

① （德）沃尔夫、巴霍夫、施托贝尔，高家伟译：《行政法》，商务印书馆，2002 年版，第 464 页；转引自肖泽晟：《公物法研究》，法律出版社，2009 年版，第 52 页。

② 笔者注：我国公物法研究学者肖泽晟在其著作《公物法研究》中认为公物命名是公物生效的要件之一。本书赞同这种观点。

程序，从而自动产生公物命名的效力。[①]

实现物的公共利用，是公物设置的出发点和理想归宿。在博物馆领域，藏品的利用具有自身的一些特别之处。首先，对“人类活动和自然环境的见证物”进行系统收藏本身就是对藏品的利用。无论是综合性博物馆还是专题性博物馆，每座博物馆都有其建馆定位和明确的服务对象，而具有与办馆宗旨相符合、一定数量和成系统的藏品是博物馆必不可少的物质要件。比如，一座钱币类博物馆的藏品体系一定是以与钱币相关的藏品组成的，而每一件钱币实物和其他藏品都是为了博物馆的公益性办馆宗旨而存在的。换句话说，与学校、医院等服务于社会公众的单一服务对象不同，博物馆的公共服务对象既包含人的因素，即社会公众，也包含物的因素，即藏品本身。博物馆作为立法和行政主体授权的保护文化遗产的专门机构，收藏和保护本身就是一种为社会公益服务的公益行为，这一点与文物市场经营主体、个人收藏家等文物收藏主体收藏文物的行为在法律关系归属上有着根本性的不同。其次，对藏品进行研究，也是公共利用的主要方式。如上所述，藏品的文化内涵是开放的，为藏品利用人提供便利服务也是藏品的公物属性实现的途径。这一

① 笔者注：《文物保护法》第三十七条规定文物收藏单位可以通过购买、接受捐赠、依法交换等方式取得文物。2005 年文化部颁布的《博物馆管理办法》第二十条同时规定：“博物馆应建立藏品总账、分类账及每件藏品的档案，并依法办理备案手续。博物馆通过依法征集、购买、交换、接受捐赠和调拨等方式取得的藏品，应在 30 日内登记入藏品总账。”从中可以看出，博物馆取得文物是前提，而登记、建档、备案则具有间接公物命名的效力。新颁布的《博物馆条例》第二十二条仅将藏品建账、建档作为交换或出借的前提条件，而忽略了在博物馆藏品公物命名中的重要性，值得商榷。

点类似于图书馆为读者提供图书资料的服务。[①] 最后，利用藏品开展陈列、展览活动并对外开放，是对藏品利用的常见方式。陈列展览是博物馆的主要业务工作之一，博物馆在自身藏品基础上设计制作与本馆性质和任务相适应的陈列展览，并根据法律规定对公众开放是法律对博物馆的基本要求。[②] 2008 年中宣部、财政部、文化部、国家文物局《关于全国博物馆、纪念馆免费开放的通知》发布后，博物馆免费开放的步伐大大加快，更加直观地显示出博物馆及其藏品公共利用的本质属性。

由此可见，博物馆藏品在构成要件上完全符合公物所应具备的实体要件和形式要件的要求，其公物属性是非常明显的。需要强调的是，博物馆藏品被命名为公物并不以行政主体取得文物的所有权为必要前提，博物馆藏品的公物属性与其所有权之间并不存在共存的矛盾。博物馆通过法律规定的方式取得藏品，既可能是取得藏品的所有权，也可能是取得藏品的占有权，甚至仅仅是形成藏品的物权占有状态。而无论是哪种情形，都不会影响藏品被命名为公物的效力。也就是说，无论是国有博物馆还是非国有博物馆，博物馆藏品的公物属性并不会因所有权的不同而发生变化，只是存在自有公物与他有公物的区分而已。

---

① 《博物馆条例》第三十六条第二款规定："博物馆应当为高等学校、科研机构和专家学者等开展科学研究工作提供支持和帮助。"

② 《博物馆条例》第四章"博物馆社会服务"从开放时间、陈列展览应遵守的原则、批准程序等多角度对博物馆陈列展览作了详细规定。

第五章　博物馆公物法律关系

如果说博物馆兼具物与人的复合法律特性所体现的是博物馆静态法律地位的话，那么，在法律关系中考察博物馆这种复合法律特性的具体表现形式和规律，则是体现其动态法律地位的优先途径。在对博物馆静态法律地位的分析中，重点考察的是典型博物馆文化现象的个性特征，作为一种既具有很强专业性，又带有明显普世性的社会现象，博物馆需要在实际存在的社会关系中才能发挥其所具有的各项公共服务职能，也才符合设立博物馆的目的和体现其存在的价值。当博物馆参与到社会关系中时，即会因一定的法律事实而产生相应的法律关系，其中，主要依据公物法律规范形成或调整的法律关系，可以称之为博物馆公物法律关系。

一、博物馆公物法律关系的界定

通说认为，法理学上的法律关系是指根据法律规范产生的、以主体之间的权利与义务关系的形式表现出来的特殊的社会关系。[①] 这种社会关系是人们在相互交往中形成的人与人之间的联系，既不同于人与自然界的关系，也不同于人与物的关系。并

---

① 朱景文：《法理学》，中国人民大学出版社，2008 年第 1 版，第 428 页。

且，法律关系是人们有意识、有目的建立起来的社会关系，且这种社会关系受到其所处的客观环境的制约。

博物馆法律关系是在一定的法律规范前提下，基于法律事实产生的，不同的法律规范和法律事实，必然会导致相应的法律关系性质有所差别。比如博物馆依据《文物保护法》相关规定申请藏品退出馆藏序列的行为所引起的法律关系属于行政许可法律关系，博物馆经营活动中提供文物鉴定服务的行为所引起的法律关系属于具有技术服务合同性质的民事法律关系，而由盗窃藏品行为引起的法律关系则属于刑事法律关系范畴。在博物馆的众多法律关系中，如何界定博物馆的公物法律关系，则是对博物馆进行公物法律地位动态考察的前提。

关于公物法律关系的界定，目前学界并没有形成共识。有学者认为，公物法律关系是指在公物建立、使用、管理、监督过程中，公物所有者与管理者之间、所有者与使用者之间、管理者与使用者之间，以及使用者、管理者、监督者相互之间形成的各种行政法律关系。[①] 另有学者认为，公物法律关系应该是指公物的提供者和公物的利用者之间在公物利用过程中形成的权利义务关系。[②] 虽然学者们对公物法律关系的定义存在分歧，但有一点是一致的，即都是将公物法律关系视为行政法律关系的范畴。笔者在这里无意对公物法律关系定义进行深入探讨，只是囿于博物馆公物法律关系的特点需要对公物法律关系的性质和范围进行必要的阐释。就博物馆实务而言，无论是公物提供者与利用者之间，还是公物所有者、管理者、使用者、监督

---

① 刘志强：《公物及其法律关系基础性探究》，2006 年西南政法大学硕士论文。

② 梁晓华：《公物法律关系初探》，2008 年苏州大学硕士论文。

者相互之间所形成的权利义务关系并不都是行政法律关系，正如前面所谈到的，在观众购买纪念品、博物馆提供餐饮服务和技术服务等法律行为中存在着许多民事法律关系，但这些法律关系又是与公物利用密不可分的，不可能将其完全从公物法律关系中剔除出去。并且，王名扬老先生在对法国公产法律关系的阐述上，也是在所有权关系（包括公法所有权和私法所有权）基础上进行探讨的。[①] 因此，笔者认为，博物馆公物法律关系可以界定为“围绕博物馆及其藏品的设立、管理、使用而形成的受公物法规范调整的权利和义务关系的总称”。

二、博物馆公物法律关系的特点

1. 博物馆公物法律关系的性质具有混合性

博物馆公物法律关系是以行政法律关系为主体，同时兼具民事法律关系和刑事法律关系因素的混合法律关系。博物馆公物法律关系是受公物法调整的社会关系。这里的公物法不同于学理上广义的公物法概念，而必须是属于实定法的范畴，也即仅限于明确法律规范要素的公物法规则而言的。虽然立法上并没有统一形式的公物法典，但是，正如行政法缺少统一的行政法典一样，公物法也是通过不同层级、不同领域的实定法而存在的，而公物法也可以说是对这些分散实定法的概括性称谓。博物馆的公物法规范既包括了像《文物保护法》、《文物保护法

① 参见王名扬：《法国行政法》第五章“行政主体的财产”，中国政法大学出版社，1989 年版。

实施条例》、《博物馆条例》等纯粹的行政立法，也包括了《民法通则》、《物权法》、《合同法》等民事立法，甚至还在某些时候涉及《刑法》等刑事立法。在法理学上，法律关系所依据的法律规范，在决定该法律关系的性质上具有决定性意义。也就是说，从博物馆公物法律关系所依据的法律规范上看，其兼具行政法、民法、刑法等不同法律关系的因素，表现出混合性法律关系的特征。

在这种混合性法律关系中，行政法律关系占据主导地位，民事法律关系和刑事法律关系处于辅助地位。这是因为：第一，公物和公物法本身属于行政部门法范畴。如前文所述，公物和公物法作为法律上的术语，最早出现于行政法学对社会治理和行政职能性质的理论研究中。从这些专业术语出现的时候开始，即被纳入到行政法学理论体系中，随着十九世纪末及二十世纪初行政法作为新兴部门法在大陆法系中的确立，这些术语也正式被国际上许多国家的行政法学界和立法实践所借鉴和利用。就博物馆而言，也正是因为其具有广义公物的基本属性，才被纳入到公物法所调整的范畴，运用更加具有公共行政特点的公物法对博物馆的法律行为和事实行为进行调整。第二，博物馆公物法律关系中，行政主体居于主要地位。一方面，随着公共管理行政理念对秩序行政、警察行政理念的冲击，行政主体的范围也在不断扩大。除了行政机关之外，其他法律主体也都被纳入行政主体范畴，比如法国的公务法人、德国的公营造物法人、日本的独立行政法人等，而我国担负行政职能的事业单位在某些情况下也被纳入行政主体之列。在博物馆法律关系中，行政主体除了作为博物馆举办人之外，还会作为博物馆设立批准人、确认人、管理人等角色参与到不同的公物法律关系之中。

另一方面，博物馆法人为了完成法律所赋予的某些公共行政职能，也需要以行政主体的身份出现在博物馆公物法律关系中。比如在博物馆将民间文物收藏为馆藏藏品的法律关系中，博物馆法人与出让文物的对方法律关系主体之间并不完全是平等的合同关系，更重要的是还具有履行保护人类历史和自然发展见证物的行政职责。再比如，在通过购买方式取得文物的法律规定上，民间收藏被局限于通过文物商店和拍卖企业购买，而作为文物收藏单位的博物馆则没有明确的限制性规定。[①] 笔者认为，博物馆对文物的购买，不仅是为了转移文物的所有权或占有权等物权，更重要的是，博物馆对文物的入藏行为也是将文物由私物向公物转化的命名程序，也即从民间收藏文物命名为馆藏文物，这也是博物馆法人作为行政主体在公物法律关系中的重要体现。第三，民事法律关系和刑事法律关系的存在目的是为了保证行政法律关系的正常运行。在博物馆法律关系中，除了行政法律关系之外，还存在着部分民事法律关系和刑事法律关系，但这些法律关系是为了保证行政法律关系的正常运行而发挥作用的。比如博物馆提供的餐饮、商店等设施所提供的产品或服务并不与公物本来目的有着直接关系，但是却是对博物馆公物利用的有效补充，符合利用人的利益，也符合公共行政的价值取向，因而是行政法律关系的良好补充。再比如，在

---

① 《文物保护法》第三十七条规定：文物收藏单位可以通过下列方式取得文物：（一）购买；（二）接受捐赠；（三）依法交换；（四）法律、行政法规规定的其他方式。国有文物收藏单位还可以通过文物行政部门指定保管或者调拨方式取得文物。第五十条第一款规定：文物收藏单位以外的公民、法人和其他组织可以收藏通过下列方式取得的文物：（一）依法继承或者接受赠予；（二）从文物商店购买；（三）从经营文物拍卖的拍卖企业购买；（四）公民个人合法所有的文物相互交换或者依法转让；（五）国家规定的其他合法方式。

博物馆藏品盗窃案中，对犯罪嫌疑人依法惩罚后，还需要对藏品进行原物追索，而不能以罚金、民事赔偿等责任代替原物返还责任。这是因为，藏品作为公物，在性质上不仅仅是具有经济价值的财产，更重要的是具有文化价值的文化载体，其存在目的不是为了经济利益的实现，而是为了向社会公众提供相应的公共利用，具有不可替代性。就赃物的非法持有人来说，既不享有以时效取得其所有权的权利，也不适用保护善意第三人的相关规定，因此，藏品的非法持有人不能用承担经济损失的责任形式替代返还原物的民事责任形式。这也体现了民事法律关系和刑事法律关系对博物馆公物目的实现的特殊保障。

2. 博物馆公物法律关系的客体具有层次性

博物馆兼具法律意义上人与物的双重属性决定了在具体法律关系中，其既可能是作为法律关系主体，也可能是法律关系客体。在博物馆公物法律关系中，实际上包含了两个层次的公物法律关系：一是围绕作为公营造物的博物馆的设立、运行、终止等行为产生的法律关系；二是围绕作为公物的博物馆藏品的收藏、保护、利用等行为产生的法律关系。换言之，当博物馆在公物法律关系中主要体现其公营造物属性时，博物馆是作为公物法律关系客体存在的，而当其在公物法律关系中主要体现其法人属性时，博物馆法人是作为公物法律关系主体存在的。

从公物法律关系主体角度来看，根据所参与的法律关系的不同，博物馆的公物法律关系主体地位也有不同形式的体现，具体可以从以下几方面来分析：首先，在行政法律关系中，博物馆有时候是作为行政主体参与到公物法律关系中，有时候又是作为行政相对人参与到公物法律关系中的。当博物馆法人身为行政主体时，其公物权利（力）需要有法律法规的明确规定或行政机关的合法授权。比如我国博物馆法人对藏品的征集权、占有权、展览权即来源于《文物保护法》、《博物馆条例》的直接规定。与行政主体地位相比，博物馆的行政相对人地位在行政法律关系中体现得更加明显。比如，文物行政管理部门对藏品行使调拨权时的义务人即为博物馆法人；行政管理部门实施行政处罚权时，博物馆法人也会处于行政相对人的地位。其次，在民事法律关系中，博物馆法人的法律关系主体地位是通过平等民事主体的权利能力和行为能力体现出来的。比如博物馆法人在买卖合同、技术服务合同、建筑合同中即体现出民事主体的地位。需要指出的是，这里所说的民事法律关系仅限于与博物馆本来目的实现有关的公物法律关系，不包括其他类型的民事法律关系。最后，在诉讼法律关系中，博物馆法人会作为公物物权人、司法鉴定人等身份参与进来，这时博物馆会作为公共利益代理人主张权利或依法取得相应资格的专业技术机构承担诉讼义务，从而体现出诉讼法律关系的主体地位。比如在藏品盗窃案中，博物馆可以作为藏品的物权人[①]主张对原物返还的诉讼请求，也可以在其他案件中作为司法鉴定人的身份参与诉讼法律关系中来。

从法律关系客体的角度来看，博物馆作为公营造物与藏品作为公物的两种客体地位是需要区别对待的。在博物馆设立法律关系中，博物馆是由设立人意志、行政机关意志共同作用的对象，体现的是博物馆作为特定物与特定人相结合的公营造物

---

① 笔者注：此时的博物馆法人既可以是藏品的所有权人，也可以是占有权人或使用权人，还可以仅仅是对藏品实施占有状态的权利人。详见本文关于博物馆藏品物权的论述部分。

属性，在法律关系中是作为客体存在的。与此同时，随着博物馆的设立，藏品也从私物转变为公物，进而由私法关系客体转变为公法关系客体。在博物馆管理关系中，既存在行政主体对博物馆公营造物的管理，也存在对藏品公物的管理，而无论是博物馆还是藏品都是可以作为公物管理法律关系客体存在的。在博物馆利用法律关系中，利用人大多数情况下是对作为公营造物的博物馆进行概括性利用，比如观众走进博物馆参观，会对博物馆展出的藏品、多媒体设备、卫生间、纪念品商店等展览设施或服务设施进行概括性的一般利用；在公物的特殊利用中，博物馆则会根据利用人请求而提供藏品的公物利用，[①] 这时享有公物利用权的观众、科研人员所针对的客体主要是作为公物的藏品。

3. 公物法律关系的主体具有广泛性

博物馆公物法律关系主体是指博物馆公物法律关系中权利（力）的拥有者和义务的承担者，主要包括公物提供者、公物所有者、公物利用者、公物管理者、公物监督者等。

（1）公物提供者

公物提供者是指依法向社会公众提供博物馆及其藏品利用服务的法律关系主体。从福利行政的角度来看，博物馆是在国家统一规划的前提下，由政府提供给社会公众的公共设施或公营造物。二十世纪后半叶以来，在“生存照顾”和“公法私法化”行政治理理念影响下，以公共治理为特点的行政改革促进

① 《博物馆条例》第三十六条第二款：“博物馆应当为高等学校、科研机构和专家学者等开展科学研究工作提供支持和帮助。”

了公物提供者由单一体制向多元体制的演变，公法主体、私法主体以及公私合作主体都渐次成为博物馆的提供者。相关资料显示，在我国为数众多的博物馆中，其举办主体呈现出多元化属性，其中，就国有博物馆而言，既包括了行政机关，也包括事业单位、国有企业、军队部门等主体；就非国有博物馆而言，既包括了集体经济组织，也包括了民营企业、民办社会团体、公民个人等。

（2）公物所有者

在大陆法系公物物权的理论学说和实践中，存在公法所有权和私法所有权的区分。法国立法和实践主张公产所有权属于行政法上的所有权，相应的，其所有权人只能是行政主体，主要包括国家、地方行政主体和公务法人。而以德国为代表的立法和实践中，占有主流地位的“修正的公物所有权”理论则主张应当对公物进行民法所有权与行政法管理权的区分，因此，公物所有权人与民法所有权人应该是一致的，并且这种理念也体现在德国民法典中。在我国，并没有建立起较为完整的公物法理论和立法体系，且在司法实践中也很少从公物视角对博物馆相关物权进行界分。笔者认为，从《物权法》、《文物保护法》、《博物馆条例》等实定法之间的关系来看，我国博物馆公物所有者的范围理论上与物权法的所有权主体应该是一致的。

（3）公物利用者

公物利用者是指依法对博物馆及其藏品利用的人，既包括一般利用公物的人，也包括许可利用公物的人，还包括特许利用公物的人。公物设立的主要目的是为了公众利用，并且，一般来说，这种利用应该是开放式的，不应该人为地给公物利用人设定不合理的限制，比如有些作为旅游景点的博物馆对本地人和外地人参观门票收费上实施双重标准。当然，出于有效保护、合理利用的原则，在某些许可利用和特许利用领域对利用人做出年龄、身份、目的方面的限制是符合公物利用规则的，比如在博物馆藏品的特许利用中，出于对藏品保护和利用效率的考虑，对利用者的年龄、学历、目的等进行限制是非常必要的。简言之，就博物馆的一般利用来说，其公物利用者的范围理论上应该是全体公民。

（4）公物管理者

公物管理者是指依法有权对博物馆或者藏品进行管理的人。公物的管理是多层次、多方面的，根据博物馆管理法律关系的不同，存在着外部管理和内部管理之分，其中，外部管理是有关行政机关对博物馆法人实施的行政管理，内部管理则包括博物馆法人基于维护、保养公营造物的行政事实行为和对博物馆利用人进行管理的法律行为。可见，对博物馆享有公物管理权的主体也应该不是单一的。首先，行政机关是博物馆的公物管理者，并且行政机关并不限于作为业务主管部门文物行政机关，也包括工商、税务、海关、公安等多个行政机关。其次，鉴于对博物馆管理的宏观性和专业性，依法设立的博物馆行业组织在某些方面也是博物馆的公物管理者。再次，对作为公物的藏品的日常管理来说，博物馆法人也是公物管理者。最后，社会公众也是博物馆管理者的重要组成部分。尤其在完善博物馆法人治理结构过程中，社会公众的广泛参与不仅是相关部门规章和规范性文件的要求，而且也是对博物馆这一公营造物进行依法管理，以期使其在符合其本来目的用途的正确轨道上运行的重要保障。

三、博物馆公物法律关系的类型

博物馆公物法律关系可以根据不同标准进行分类，其中，根据法律关系所依据法律规范的部门法类别，可以分为民事法律关系、行政法律关系、刑事法律关系和诉讼法律关系；根据法律关系所指向的对象不同，可以分为以博物馆为表现形式的公营造物法律关系和以藏品为表现形式的公物法律关系；根据法律行为目的不同，可以分为博物馆命名法律关系、管理法律关系、利用法律关系和相关权利救济法律关系。

1. 博物馆公物命名及其法律关系

就公物的法律效力而言，存在着事实上的公物与法律意义上的公物之分，同理，在博物馆领域，也存在着事实上的博物馆和法律上的博物馆之分，二者在形式上的最大区别即在于是否经过行政主体的依法命名。就概念而言，博物馆的命名是行政主体以提供公益服务为目的，根据博物馆事业发展的整体规划，通过核准、登记、备案等方式，对作为公营造物的博物馆进行许可或确认的具体行政法律行为；而博物馆命名法律关系则是指依法通过核准、登记、备案等程序，使博物馆具备法律意义上的公用效用而形成的法律关系。其中，从法律关系主体来看，命名主体只能是法律规定的行政机关，而行政相对人则应当是博物馆举办人；法律关系客体为特定的行为结果，即通过命名使博物馆具备法律意义上公营造物的资格；法律关系内容表现为行政相对人的申请权、行政主体的行政确认权、行政许可权等。

需要指出的是，博物馆作为公营造物，其命名行为不同于设立行为。博物馆的命名是以博物馆的设立为前提的，没有博物馆的设立，也不会有博物馆的命名。所谓博物馆的设立是指资产所有权人或处分权人基于自身对藏品、馆舍等财产的物权处分意志，自愿将其提供社会公用的行为。博物馆命名与设立的区别主要有以下几方面：首先，从主体身份上看，命名主体必须是行政主体，而设立主体则未必。在公物法视野下，博物馆主要有两种设立方式：一是承当社会公共文化管理和服务职责的行政主体在自身拥有物权的基础上设立公立博物馆，这也是博物馆设立中最主要和最常见的方式；二是其他设立主体基于自身所拥有的物权而设立的私立博物馆，这是在公法私法化趋势背景下充分利用社会资源在博物馆设立领域的必要补充方式。其次，从权利性质上看，设立主体是基于其对藏品、馆舍等资产民法意义上的物权而行使的对物的处分权，而命名主体是基于其公共服务职责而将民法意义上的物命名为行政法意义上的物的行政权力。公物命名是私物向公物转化的必要条件，如果未经行政机关的核准、登记、备案，则博物馆只能是事实上的公物，而不是法律上的公物。如果一座博物馆仅仅是设立人以博物馆的名义对外开放，而没有依法经过行政主体的登记、核准、备案等程序，尽管其表面上也具有博物馆的某些公用特征，但它只能是事实上的博物馆，而不能是法律上的博物馆，其权利义务与法律上的博物馆迥然不同，比如不具备直接向社会征集藏品的资格，公众对该“博物馆”的利用也不会是公权力的体现，而是属于民事法律关系范畴，缺少了国家公权力的保障等等。也就是说，博物馆的设立权属于私权，而博物馆的命名权属于公权。再次，当行政主体基于自身的物权而举办博物馆时，同样需要区分设立主体和命名主体的不同。在我国，博物馆行政管理主体是国务院文物行政管理部门和地方各级文物行政部门，当这些主管部门代表政府利用自身可支配物权设立博物馆时，其性质属于履行法律所规定的法定义务，即为社会提供公共服务，这也是博物馆设立的典型形态，正如卫生行政管理部门设立公立医院、教育行政管理部门设立公立学校一样。与之不同，当其他行政机关利用自身可支配物权举办博物馆时，其性质则属于设立行为，而非命名行为。比如税务行政主管部门设立的税务博物馆、公安部门设立的警察博物馆等，举办这些行业博物馆的税务局、公安局属于设立主体，而命名主体仍然应该是文物行政主管部门和民政部门。也就是说，虽然这些博物馆在民法意义上属于国有博物馆，但在行政法意义上仍然应该属于私立博物馆范畴。最后，与博物馆的命名必然产生相应的法律关系不同，博物馆的设立行为并不一定产生相应的法律关系。这是因为博物馆的设立行为并不都是法律行为，还包括了事实行为，只有法律行为才能引起法律关系的产生，而事实行为不会引起法律关系的产生。比如设立人租赁他人场所作为博物馆展厅的行为即属于民事法律行为，会产生不动产租赁合同法律关系；而设立人利用自己所有的文物、资料、标本等资源作为藏品设立博物馆的行为，则属于对财产处分的事实行为，并不会必然与他人之间产生某种法律关系。

博物馆作为国家文化设施体系建设中的组成部分，肩负着保护、传承人类优秀历史文化遗产的重要历史使命，也是保障民族文化安全的重要阵地。因此，博物馆的命名并不是，也不应该是任意而为之的事情。《博物馆条例》第四条第一款规定："国家制定博物馆事业发展规划，完善博物馆体系。"此前的

《博物馆管理办法》第三条第三款也规定："博物馆的数量、种类、规模以及布局，应当根据本地区国民经济和社会发展水平、文物等资源条件和公众精神文化需求，统筹兼顾，优化配置。鼓励优先设立填补博物馆门类空白和体现行业特性、区域特点的专题性博物馆。"这些都集中体现了我国博物馆统筹建设和有序发展的公物命名理念。

2. 博物馆的管理及其法律关系

公物法意义上的博物馆管理是指权利主体基于非营利性目的，为保障博物馆提供公共服务所依法实施的管理。如上所述，博物馆实务中，博物馆的管理可以分为外部管理和内部管理，其中，外部管理是指行政主体依法对博物馆进行的行政管理和监督，归属于具体行政行为范畴；内部管理是指博物馆法人对藏品、设施等的维护、保养等方面的管理。因此，就某一具体的博物馆公物法律关系来说，既可能是外部管理所产生的法律关系，也可能是内部管理中由法律行为所引起的法律关系。

管理权主体对博物馆管理的权利（力）来源，直接关系到管理的合法性和权利（力）性质。在公物法理论中，公营造物管理权的来源存在有不同观点，大致有所有权说（其中又分为公所有权说和私所有权说）、概括权能说、公物支配权说、国家义务说等多种学说。[①] 上述各种学说是出于不同的视角对公营造物管理权的理论认识，都具有一定的科学性和合理性。笔者认为，在博物馆实务中，由于博物馆提供的公营造物服务既是为

---

① 张杰：《公共用公物权研究》，法律出版社，2012 年第 1 版，第 279—282 页。

了满足社会公众对公共文化服务的需求，也是出于法律对藏品保护和利用的强制性规定，其服务对象除了社会公众也包括了文化遗产，与大多数仅仅服务于人的公营造物有着显著区别，因此，考察博物馆管理权的实定法或外在的形式来源更具有实践意义。具体而言，无论是行政机关、博物馆行业组织以及博物馆法人，其对博物馆的管理权实际上源自于两方面：一是法律法规的直接规定；二是行政机关的授权。一方面，《文物保护法》、《博物馆条例》、《公共文化体育设施条例》等法律法规对博物馆的管理权有直接规定。比如《博物馆条例》第七条直接规定："国家文物主管部门负责全国博物馆监督管理工作。国务院其他有关部门在各自职责范围内负责有关的博物馆管理工作。县级以上地方人民政府文物主管部门负责本行政区域的博物馆监督管理工作。县级以上地方人民政府其他有关部门在各自职责范围内负责本行政区域内有关的博物馆管理工作。"另一方面，作为非行政机关的博物馆行业组织通过法律或行政机关授权，也可以取得对博物馆的公营造物管理权。比如《博物馆条例》第三十八条规定："博物馆行业组织可以根据博物馆的教育、服务及藏品保护、研究和展示水平，对博物馆进行评估。具体办法由国家文物主管部门会同其他有关部门制定。"

在博物馆外部管理领域，我国实行的是以文物行政主管部门的行业管理为主，以民政、税务、公安、工商等行政主管部门的职能管理为辅的综合管理模式。从管理对象来看，外部管理不仅包括了对博物馆作为公营造物的整体管理，还包括了对藏品、设施等标准化管理。比如涉及博物馆的城市规划、对全年开放时间是否达到法律规定，突发事件应对机制是否完备有效，陈列展览活动规模是否符合要求，藏品修复、复仿制，无障碍服务设施是否达标，处理观众投诉或行政复议等。在博物馆外部管理法律关系中，文物行政主管部门和其他享有博物馆管理权的行政机关共同构成了行政管理法律关系中的行政主体，博物馆法人则是作为行政相对人存在的，它们之间通过博物馆业务活动中的具体行政行为形成了各种行政法律关系。

在博物馆内部管理方面，我国《博物馆条例》以内部管理组织构建中的“法人治理结构”为基础，对博物馆的资产管理、经营管理、专业技术人员管理、藏品安全责任、藏品管理等进行了详细规定。与外部管理相比，博物馆内部管理行为的性质比较复杂，既包括有行政行为，也包括有民事行为，还包括有不以产生、变更、消灭法律关系为目的事实行为。其中只有行政行为和民事行为可以引起相关法律关系的产生，而事实行为则不会引起法律关系的产生。比如博物馆对藏品进行建账、登记、备案的行为，即属于行政行为，产生行政法律关系；博物馆法人为观众提供餐饮服务的行为，即属于民事行为，产生民事法律关系；博物馆对馆内环境的保洁、展览设施的维护等行为，即属于事实行为，不产生法律关系。

3. 博物馆的利用及其法律关系

公物法视野下的博物馆利用属于广义的公物利用范畴，是指利用人依法对博物馆进行符合其设立目的的利用，其中，对藏品的公物利用也通常被纳入对博物馆的公营造物利用中。实践中，博物馆的利用方式也存在着多种公物利用形态，比如根据利用关系性质不同，可以分为公法利用和私法利用；根据利用目的不同，可以分为一般利用和特殊利用；根据利用人之间与博物馆资源利用关系的不同，可以分为公共利用和独占利用；

根据对利用人利用自主权的不同，可以分为自由利用和许可利用等。在不同的博物馆利用行为作用下，则会形成相应的博物馆利用法律关系。

博物馆利用法律关系主体主要包括有利用人、博物馆法人以及行政机关，由于博物馆的利用是利用人对博物馆作为公营造物的利用，因此通常情形下博物馆利用法律关系多以利用人和博物馆法人之间的关系表现出来，只有在法定的特殊利用方式中，行政机关才会作为博物馆利用法律关系主体的身份参与其间，而且行政机关参与到博物馆利用法律关系中时，也都是以行政主体的身份出现的。比如，根据中宣部、财政部、文化部、国家文物局发布的《关于全国博物馆、纪念馆免费开放的通知》（中宣发［2008］2号），“各级财政部门应将博物馆免费开放相关经费纳入财政预算，切实予以保障”，其中，“博物馆、纪念馆免费开放单位门票收入减少部分全部由中央财政负担”。据此，在博物馆免费开放所形成的法律关系中，观众作为利用人享有对博物馆符合本来目的的利用权，博物馆法人在承担提供公共营造物利用的义务的同时，也享有从政府获得经济补偿的权利，而行政机关则享有要求博物馆法人为观众提供免费参观服务的权利，同时也需要依法承担因免费参观服务所产生的经济补偿义务。至于如何认识基于该《通知》而产生的博物馆免费开放利用法律关系的性质，笔者认为其应该属于行政法律关系范畴，这是因为：第一，博物馆免费开放所依据的《通知》属于行政法律规范，观众的免费参观权、博物馆法人的门票收入减少补偿权均来自于该行政法律规范。第二，博物馆依据《通知》实施的免费开放具有行政强制性，不同于非依《通知》而存在的自主免费开放。而在强制免费开放中，行政机关正是因为依据《通知》而处于行政主体地位，并行使具体监管权力。第三，从利用人的权利救济来看，如果观众免费参观博物馆的权利没有得到合法实现，则有权向行政机关寻求行政法上的救济，比如投诉、要求听证等，行政机关也相应地具有行政调查、行政处罚等权力。

毫无疑问，权利和义务是法律关系的核心，不存在权利义务，则法律关系也没有存在的意义。那么，利用人对博物馆的利用是否源自于权利，则成为首先需要明确的问题。从权利视角来看，公营造物使用权理论大致经历了“国家恩惠观”、“法律上的反射利益观”、“法律上的权利观”以及“宪法基本权利”观念的演变”。[①] 随着学界和立法实践对公营造物使用权理论研究的不断深入，有学者也将公营造物使用权的行使关系区分为公法性质的使用和私法性质的使用两种，其中，公法性质使用的基础是行政处分或行政契约，而私法性质使用则以民事合同为基础。[②] 就博物馆利用关系而言，同样存在公法利用关系与私法利用关系的区别，并且这种区别有时候是横向同时存在的，有时候又是纵向分阶段存在的，从而更加体现出博物馆公物法律关系的混合性特征。比如，在博物馆的文物鉴定中，对博物馆对本馆馆藏文物进行的鉴定属于公法利用，其鉴定效力具有强制性；为观众提供的鉴定服务属于私法利用，其鉴定效力具有相对性；作为司法鉴定主体进行的鉴定属于公法利用，其鉴定效力具有证据的待定性特征。再比如，基于博物馆收藏文物行为而产生的博物馆利用法律关系中，基于博物馆保护文化遗

① 凌维慈：《历史视角下的社会权——以日本生存权理论的发展变革为视角》，《当代法学》2010 年第 5 期。

② 张杰：《公共用公物权研究》，法律出版社，2012 年版，第 244 页。

产的法定职责，收藏文物是其应当履行的权力，同时也是其所必需承担的公法义务，从而表现出公法利用关系特征；不过，在市场经济条件下，具体收藏行为中往往存在着与文物交易在有偿转让上的相似性，进而具有某些私法利用关系特征。

第六章　博物馆馆藏文物的物权结构

博物馆藏品的类型构成一般可以划分为馆藏文物、标本、资料以及其他藏品，其中，从宏观上来说，馆藏文物因其所具有的不可替代、不可再生的历史、艺术、科学价值而居于显著地位。因此，在法治视野下对馆藏文物的物权进行深入考察，显然也应该是博物馆法学研究的重要组成部分。

物权法对文物加以调整，其价值取向是在平等主体前提下，以对财产的归属和排他性支配权、收益权的尊重和调整为核心的。笔者认为，当文物被命名为馆藏文物之后，其性质也由私物转化为公物，此时法律对该文物的调整范围和手段也更加丰富。其最明显的特征在于不同部门法在调整与馆藏文物有关的法律行为时所秉持的立法理念不同，私法主要关注财产的归属和市场价值问题，公法主要关注公物的公共利益保护和公众利用问题。由此，在同一件馆藏文物上，同时产生了两种可以兼容的物权，即私法物权和公法物权，并且，在馆藏文物的公物性质存续期间，公法物权优先于私法物权，在物权结构上体现出非常明显的二元性特征。

一、博物馆馆藏文物的界定

“馆藏文物”是《文物保护法》基于对文物进行的分类管理

而提出的一种文物类型，并设专章对馆藏文物进行了专门规定。遗憾的是，法律并没有条文对什么是馆藏文物进一步明确说明。该法第三十六条第一款仅有如下表述：“博物馆、图书馆和其他文物收藏单位对收藏的文物……”对于这种表述，首先可以作广义理解，即馆藏文物是指博物馆、图书馆和其他文物收藏单位收藏的文物。它包含两方面含义：一是收藏对象包括可移动文物和不可移动文物。以故宫博物院为例，博物馆作为文物收藏单位是馆藏文物的收藏主体，作为不可移动文物的紫禁城建筑群和作为可移动文物的宫廷字画、瓷器、青铜器等藏品共同构成馆藏文物收藏的对象。然而，毕竟以不可移动文物作为收藏对象仅限于少数依托不可移动文物而设立的博物馆，并且《文物保护法》第二章专门就不可移动文物进行了规定，因此，将馆藏文物作狭义理解更为合适，即馆藏文物仅限于可移动文物而言。二是收藏主体是博物馆、图书馆和其他文物收藏单位。这里的文物收藏单位除了博物馆、图书馆之外，还包括文物研究所、考古研究所、具有考古发掘资格的高等院校等。李晓东老师曾将馆藏文物定义为：“收藏于博物馆、纪念馆、图书馆、档案馆及各文物机构的古代、近代和现代的可移动文物。”① 基于这一前提，为了避免诸多由于对馆藏文物概念理解差异带来的思维混乱，除特别说明外，这里的馆藏文物仅指“具有独立法人资格的博物馆收藏的可移动文物”。

从民法视角来看，博物馆馆藏文物作为一项具有经济价值的财产，理所应当成为物权法规范和调整的对象，属于私法意义上的物，这也是讨论其所有权问题的基础。与此同时，博物

---

① 李晓东著：《文物保护法概论》，学苑出版社，2002 年版，第 4 页。

馆馆藏文物作为一项发挥公益性公共文化职能的物质载体，也会成为行政法规范调整的对象，属于公众用物和公务用物的范畴，具有公法意义上的公物属性。比如美国《评审制度标准——可参与评审的博物馆特征》（2004 年）开篇即规定："博物馆是其公共信托资源的称职监管人。"这里所指的公共信托资源显然包括博物馆收藏的馆藏文物在内，而公共信托理论也正是英美法系国家对包括博物馆在内的公共资源实行公共信托管理体系的法理依据所在。与英美法系的公共信托资源大同小异的是，大陆法系国家同样是将博物馆藏品（包括馆藏文物）视为行政法上的公物对待的，比如《法国博物馆法》关于藏品不适用时效取得、公物命名、公物退出等规定正是将博物馆藏品视为公物的写照。在我国，一方面，馆藏文物属于"或者服务于行政活动或者是供公众无须许可或者根据特定的许可使用的物"。[①] 另一方面，《文物保护法》、《担保法》、《民事诉讼法》等相关法律规范对馆藏文物就不可让渡、不能作为担保标的、不能被强制执行等公物属性有着明确规定。

可见，博物馆馆藏文物作为文物的一种类型，至少有两方面特征：第一，法律拟制性。文物是一个技术概念，而不是一个需要法律拟制的概念。就某一件文物而言，其具有的历史、艺术、科学价值是与生俱来的，因此，无论是否获得法律对它的认可，它的这种文物属性都是存在的。与之不同的是，馆藏文物作为文物分类中的一种，则是需要法律加以拟制的。一件文物只有具备了法律所规定的实质要件和程序要件后，才有可能被称之为馆藏文物，否则，它只能是文物，而不是馆藏文物。

① 肖泽晟著：《公物法研究》，法律出版社，2009 年版，第 23 页。

法律之所以有必要将馆藏文物从文物中分离出来，其目的是为了对馆藏文物进行更好的保护和利用，以体现和贯彻《文物保护法》规定的“保护为主、抢救第一、合理利用、加强管理”的立法原则。第二，适用法律规范的二元性。博物馆馆藏文物是通过具有行政法律关系色彩的行政程序而由法律拟制产生的，因而会受行政法规范调整。同时，由于博物馆馆藏文物是在作为民事法律关系客体的基础上附加了公法意义上物的属性，并没有、也不可能完全取消民事法律关系客体的属性，因此也受民事法律规范调整。

二、公物物权的理论考察与借鉴

法理上是否存在与私物物权相对应的公物物权，以及公物权利的性质如何，是学界长期存在争议的一个话题。在世界范围内，受大陆法系和英美法系理论架构不同的影响，公物理论也大相径庭，大体表现为大陆法系的所有权说和英美法系的公共信托理论的区别。

法国对公产物权的探讨大致经历了从否认公产所有权到主张公产所有权的发展过程。早期否认公产所有权的观点主要基于两方面考虑：一是公产和所有权观念不相容；二是公产不能成为所有权标的。前者以率先提出公产与私产区分理论的蒲鲁东为代表。他认为，公产作为公共利用的财产，每个人都可以平等地享有对公产利用的权利，这显然是与所有权所强调的排他性是背道而驰的。因此，国家在以实现公共利益为目的的前提下，对公产而言仅仅是一个道义上的主体，而公众才是公产真正意义上的所有权人，国家只是对公产享有管理的权利抑或是义务。[1] 后一种学说则认为，所有权的三个主要权能——使用权、收益权和处分权，对行政主体来说并没有享有。公产的使用权主体是公众而非行政主体，且公产不应以产生收益为目的，以及行政主体对公产不享有私法意义上的处分权，仅具有保管的权利，并且这种保管权也是一种义务，行政主体对公产的管理仅仅是一种警察权力。[2] 20 世纪初，以莱昂 • 狄骥和热兹为代表的法学家认为，公产所有权理论实际上是将民法所有权概念向行政法中进行的转移，而这种转移其实并无正当理由，并且也没有转移的必要。行政主体与公产之间的关系，完全可以用“公共使用观念和财产目的观念”来说明。即对于公产来说，只有行政主体的公职人员才能对公产采取行为，并且这种行政行为必须符合使财产付诸公共使用的目的。[3]

20 世纪以后，公产所有权理论在法国开始活跃，并且逐渐取代否定所有权说而占据支配地位。其代表人物奥里乌认为，公产的法律地位与私法所有权的观念之间存在的不同是相对的，并且公产并非不具有所有权的三项主要权能。比如，行政主体对公务用公产的使用权是非常明显的，从公产中的收益也是存在的，而且法律对行政主体处分权的限制本身就说明其所有权的存在，否则这种限制既没制约的对象，也无存在的必要。同时，奥里乌也指出，尽管公产具有财产属性，可以作为所有权标的，但是公产所有权并不完全具有私产所有权的全部特点，

---

① 参见侯宇著：《行政法视野里的公物利用研究》，清华大学出版社，2012 年版，第 68 页。

② 王名扬著：《法国行政法》，中国政法大学出版社，1989 年版，第 312 页。

③ 侯宇著：《行政法视野里的公物利用研究》，清华大学出版社，2012 年版，第 68 页。

而是一种在国家强制力保障下为公共利益服务的所有权。[①]

以民法理论为基础的观点认为，公产所有权其实就是民法上的所有权，只是由于提供公共使用的缘故，而受到行政法的诸多限制，在公共使用范围内排斥私法的适用，一旦公共利用被废止，行政主体即恢复对公物的民法上的所有权。[②] 换言之，公共利用实际上是对公产在民法所有权基础上设置的一种役权。而以行政法理论为基础的观点则认为，这种将公物的公共利用看成是一种建立在民法所有权上的役权的说法是不正确的。公产实质意义上的所有权人是公众，国家只是公产形式意义上的所有权人，如果说形式上的所有权人在为实质上的所有权人在其所有物上设立役权，那么显然是非常荒谬的。因此，公产所有权应当认为是和民法上的所有权不同的另一种形式的所有权，即行政法上的所有权，公共利用与公产所有权密不可分，同时也是公产所有权的一种具体的权利表现形式。[③]

正如行政合同观念引自民法一样，根据法国公产所有权理论，公产所有权的观念虽然来源于民法，但是不完全等同于民法上的所有权，而是经过行政法的改造，使其具有了公共利益因素，从而成为行政法上的所有权。与此同时，法国司法判例中也体现了公产所有权理论的存在，比如 1994 年维拉尔案。[④]

---

① （法）莫里斯·奥里乌，龚觅等译：《行政法与公法精要》（下），沈阳，辽海/春风文艺出版社，1999 年。转引自侯宇：《行政法视野里的公物利用研究》，清华大学出版社，2012 年版，第 71 页。

② 侯宇著：《行政法视野里的公物利用研究》，清华大学出版社，2012 年版，第 71 页。

③ 王名扬著：《法国行政法》，中国政法大学出版社，1989 年版，第 312 页。

④ 参见侯宇著：《行政法视野里的公物利用研究》，清华大学出版社，2012 年版，第 73 页，脚注【32】。

与法国公产所有权理论不同，在严格区分私法和公法的德国，学者们普遍认为私法上的很多概念和制度不适用于公法，并对公产所有权理论持排斥态度。不过，考虑到公物的公共利用在执行中可能受到私法权利人的任意限制，致使社会公众极易被排除在公物的实施使用或者一般使用之外，从而有悖于公物的公共目的，有学者提出了“私法和公法的双轨制”理论，也即“修正的私有所有权”理论。

“修正的私有所有权”理论的优越之处是将私法上的“所有权的支配”与公法上的“物的支配”相分离，从而使得公物物权在保持其公法本色的同时融入了必要的私法内涵。具体而言，其主要内容包括三个方面：其一，公物应当适用民法中有关所有权的规定，属于私法财产权的客体。其二，确立对公物的公法支配权，并且公法支配权在公物利用权和管理权行使等法定范围内排斥私法支配权。其三，区分所有权人、支配权人、管理义务人。可见，德国公物实际上是介于私法与公法之间，同时主要受公法调整。德国学者一般以此说作为通说。

在日本，虽然也存在公物的私所有权说与公所有权说之间的争论，但基本是以私所有权说为学界通说。佐佐木楤一主张“公物的所有权在达到公物的目的所需的必要限度内，处于私法适用之外”，“但并不是这些公物在性质上不适用民法，而是为了达到作为公物的目的，在必要限度内受到法律上的特别限制”。可以看出，这种观点一方面承认因公物的目的而产生的必要的公法约束，另一方面也认为只要不妨碍公物目的，仍适用私法，属于私所有权客体。[①] 在实定法方面，日本旧河川法受法国法影响，体现的是公所有权说立场；新河川法虽然仍然保留了这种立场，但明显加入了私所有权的理念，而道路法则深受德国法影响，对私所有权的立场体现得更加充分。鉴于公所有权和私所有权存在的争论，有日本学者提出："围绕着公物主体权利性质的争论，公所有权说和私所有权说相互对立，这不仅没有理论上的意义，也没有任何实际价值。"[②] 田中二郎也认为："公所有权说和私所有权说都不免有些极端，从功能意义的角度去观察公物，应注重研究对公物拥有的特殊的概括性的权能的公物管理权。"[③]

在美国，构建在公共信托理论基础之上的公共财产制度是从英国"信托财产"概念发展而来的。基于信托历史沿革上的法理，英美学者认为信托的实质在于分割财产权。也就是说，信托财产上的权利可以一分为二，受托人为了他人的利益享有信托财产普通法上的所有权（legal title），受益人享有信托财产衡平法上的所有权（equitable title），受托人和受益人都享有信托财产所有权，[④] 从而形成一种"双重所有权"。不过，从严格罗马法的所有权意义上来说，二者又都不享有对该财产的所有权，只不过分别对该财产享有不同的利益。受托人享有的主要

① 侯宇著：《行政法视野里的公物利用研究》，清华大学出版社，2012 年版，第 78 页。

② （日）原龙之助：《公物公营造物》，东京，有斐阁，1984 年，第 135 页；转引自侯宇：《行政法视野里的公物利用研究》，清华大学出版社，2012 年版，第 83 页。

③ 侯宇著：《行政法视野里的公物利用研究》，清华大学出版社，2012 年版，第 83 页。

④ 同上，第 86 页。

是一种纯粹管理性权利，受益人则拥有纯粹的收益权利。[①] 由于英美法系并不存在绝对的、单一的所有权概念，而是依靠普通法和衡平法并行的法律传统对受托人法律上的所有权和受益人衡平法上的权利加以确认，因此可以让财产所有权根据社会生活的需要进行灵活组合和分解，进而使得这种以双重所有权为特色的公共信托理论得以顺利运行。

通过对以上公物权利学说的梳理可以看出，无论是理论界还是立法实践，对公物权利性质和结构的认识存在着很大的差异，这种差异既跟不同国家的法律传统有关，也与时代的发展、行政功能的变化有着密切联系。笔者认为，权利主体对公物的支配权实际上包含了两个层面的内容，即“对所有权的支配”和“对物的支配”，前者属于应然范畴，后者属于实然范畴。公物物权的法理核心是行政主体对公物的管理以及公众对公物的利用，公物归属关系仅仅是公物管理和利用法律关系存在的事实状况，不论公物归属关系如何，均不会影响公物的行政管理和公共利用，仅在法理上存在自有公物物权和他有公物物权的外观差别。因此，就博物馆而言，藏品作为一种兼具文化资源属性和财产属性的特殊公物，是行政主体为了发挥文物的文化属性作用，依靠国家强制力而将其命名为公物，以满足公共利用的需要。与此同时，虽然藏品都是在基于一定财产所有权的前提下设立的，但所有权主体的不同并不影响公物的公共利用属性，甚至在藏品作为公物存续期间，该财产所有权还应承担公物本来目的范围内的容忍义务。至此，可以将这里所讨论的

---

① 侯宇著：《行政法视野里的公物利用研究》，清华大学出版社，2012 年版，第 87 页。

博物馆馆藏文物物权概括为：权利主体依法对馆藏文物享有的所有权、管理权、利用权的集合，既包括私法意义上的物权，也包括公法意义上的物权。其中，所有权是馆藏文物所有权人依据物权法享有的权利，管理权是行政机关或其他被法律和行政机关授权的法人、团体、组织等行政主体对馆藏文物享有的排他性支配权，利用权是公众对馆藏文物依法享有的使用权。

三、馆藏文物物权的基本特征

馆藏文物物权作为兼具私法和公法意义上概括性权能的物权，与民间收藏文物的物权相比，表现出自身的一些基本特征。

其一，馆藏文物物权兼具公法和私法属性。

从物权内容上考察，馆藏文物物权既包含了民法意义上的财产所有权，又包含了行政法意义上的对物的管理权和利用权。财产所有权以物的归属为核心，馆藏文物的管理权、利用权以物的保护、公共利用为核心。两者和谐共处于一个公物物权的概念之下，共同构成了馆藏文物物权的基本架构，使馆藏文物物权体现出独特的二元属性。

本质上说，馆藏文物物权属于行政法范畴，其公法属性占主导地位。一方面，馆藏文物的管理权是行政主体作为全体公民的公共事务代理人，在维护公物的本来使用功能和提供公益用物时所必需的基本权力（利）。在行政系统中，行政法律规范、行政主体、公物共同组成了行政主体服务于社会公众的三大要件。其中，法律规范是权力来源的基础，公务员及其他行政主体是行政活动中人的要素，而公物则是物的要素。在给付行政、服务行政的政府职能中，行政主体需要有一定数量、一定种类的公共用公物和公务用公物来实现其职能。另一方面，馆藏文物是为了更好地保护和合理利用人类文化遗产而拟制的，无论是行政主体还是行政相对人，都有保护和利用馆藏文物的义务和权利，并且这些义务和权利几乎完全诠释了馆藏文物物权存在的实际意义，即文物保护法倡导的保护为主、合理利用的立法精神，而围绕馆藏文物的保护和利用，都是在行政法规范的调整下完成的。

民法意义上的物权虽然不在馆藏文物物权中占据主导地位，但是却是馆藏文物物权设立的基础和馆藏文物物权终止时的必然法理支撑。一方面，馆藏文物的所有权是设立行政物权的前提。一般情况下，只有在文物原始所有权人的申请或同意的基础上，才会产生馆藏文物的法律拟制，进而产生针对馆藏文物的行政物权法律关系。即使出于公共利益目的，国家对原始所有权人的文物进行征用时，也需要对原始所有权人给予补偿。另一方面，当馆藏文物依据法定程序退出馆藏序列，失去了公物的法律地位，此时的文物又回归于私物的法律性质，而所有权也回复到公物命名前的状态。比如，《博物馆管理办法》在非国有博物馆法人资格终止时，针对馆藏文物的处置问题所作的符合法定条件的文物可以依法流通的规定即充分体现了馆藏文物所有权在馆藏文物物权体系中的重要意义。

馆藏文物物权中的公法属性与私法属性并不是截然分开的，而是互相影响、互相支撑的。首先，从权利持续的时间看，公法物权只有在馆藏文物的公物属性存续期间才存在，当文物还没有被命名为公物之前或馆藏文物退出馆藏之后，公法物权是不存在的。与之不同的是，私法物权则是自始至终都存在的基本物权，只是当公法物权存续期间，所有权受到了公法物权挤压，甚至已经被公法管理权和利用权排挤得所剩无几，仅存在名义上的所有权而已，或可将其称为“剩余财产权”。[①] 其次，从权能结构来看，私法物权与公法物权分工合理明确，共同保障了公益用物功能的实现。剩余财产权的存在明确了馆藏文物的归属关系，对馆藏文物的静态保护提供了稳定的法理背景，公法物权则对馆藏文物的管理和利用进行动态调整，两者有机结合，和谐共处，共同发挥着完整的馆藏文物物权的实际权能。最后，从权利主体来看，公法物权与私法物权主体既可能是重叠的，也可能是分离的。比如非国有博物馆法人对自己所有的馆藏文物，既是管理权主体，也是所有权主体；对不属于自己所有的馆藏文物，则只是管理权主体，而不是所有权主体。

其二，馆藏文物物权以非营利性为价值取向。

私物物权是权利人对物的排他的支配权，权利的价值取向是对物的财产价值的实现和保护。关于私物物权的法学理论和实定法，都非常关注物的营利性，并且保护这种营利性的实现。而在公物物权的法理学说中，非营利性始终是法律应该首先保障的任务。公物物权虽然也表现出权利人对物的排他的支配权，但其权利的价值取向更倾向于对物的公共利用价值的实现和保护，从某种意义上来说，这种为了实现对物的公共利用而拥有的支配权也有着一定的法定义务成分。

与私物物权和公物物权的这种区别相类似，在民间收藏文物物权和馆藏文物物权中，也存在明显的价值取向的差异。就民间收藏文物物权而言，权利人对文物所享有的所有权、用益

① 参见肖泽晟：《公物法研究》第三章：“公物法的理论基础”之“公物的二元产权机构：公共地役权与私法上的‘剩余财产权’”，法律出版社，2009 年版，第 125—132 页。

物权、担保物权等权利，其法律调整的落脚点都是文物的经济属性和财产价值，而文化属性和文化价值居于次要地位。这时的文物在物权客体上与其他一般物没有太大区别。也就是说，无论是关于文物的归属还是排他性支配，都是围绕着文物所能带来的财产收益展开的。同时，每个权利人注重的也是自身利益，而不以他人利益为出发点。比如，一位收藏家收藏的宋代瓷器，当止于个人欣赏目的而秘而不宣时，体现的是个人排他性的归属权利，当通过拍卖转移文物的所有权时，体现的是实现文物交换价值的财产支配权。无论哪种情形都是出于对收藏家私物物权的保护和实现，与文物基于文化属性而来的财产权之外的文化遗产权无关。

与民间收藏文物相比，馆藏文物作为公物，其物权的价值取向更加注重非营利性和公益用途。比如，原始所有权人对馆藏文物的所有权，仅仅在名义上保留，只有在不损害馆藏文物本来公共用途的前提下，才会有条件地行使转让等权利。再比如，权利主体对馆藏文物行使管理权时，对馆藏文物的有效保护是首要前提，其次才是对物的合理利用。需要注意的是，在博物馆文化产业中，会涉及对馆藏文物资源化的问题，尽管这种资源化的行为本身是以营利为目的，但是，由于博物馆作为公物本身的公益性，使得法律要求其营利的最终目的仍然是用来保证对包括馆藏文物在内的博物馆公物的养护和可持续发展，这显然与普通文化产业中的营利性质截然不同。正因为馆藏文物物权的终极价值取向是公众对公物的利用权，大多数情况下，这种利用都是免费的，即使出于对馆藏文物的保护和其他因素制约，需经特殊许可的有偿利用也与合同法意义上的等价有偿原则存在根本区别。这种公物的特殊利用虽然对利用公物的个体来说产生了费用，但这种费用完全不同于私物物权的等价有偿性质，而是一种出于行政主体对公共资源管理的合理要求使然，并且，这种特殊许可利用也是为了其他人潜在的利用权的实现而必需的一种行政限制措施。从这个意义上讲，对馆藏文物有偿利用的法律关系属于行政法律关系范畴，而不属于合同法律关系。比如，在我国实行的博物馆免票参观规定中，普通博物馆被纳入了免票参观的范围，而像故宫博物院等遗址类博物馆作为特殊许可利用的例外并没有免票。这种有区别的利用模式，一方面体现了行政主体为公众文化遗产权的实现创造条件的服务行政性质，另一方面也是为了保护古遗址、古建筑，以便长期利用的需要，是出于宏观公共利益保护的考量。

其三，馆藏文物物权主要是以实现物的公共利用为目的的公权。

王云霞教授在论及文化遗产权的法律属性时，按照罗马法的传统，以权利所维护的基本利益为依据将公权和私权进行了如下界定："公权是为保护公共利益而设定并由公法来保障的权利，而私权则是为保护私人利益而设定并由私法来保障的权利。也就是说，公权与私权的划分不在于主体是公还是私，国家可以在私法关系中享有私权，而私人同样可以在公法关系中享有公权。"①

与私物物权将保护私人利益作为法律调整目的不同，馆藏文物物权是以实现公众对文物文化价值的利用为核心的，不管是管理权还是利用权，都将公共利益作为法律保护的对象，所

① 王云霞：《论文化遗产权》，载"文化遗产法研究网"，http：//www.cnchl.net/a/yjcg/feiwuzhiwenhuayichandefalvbaohu/2011/0525/2677.html

有权在这里处于次要地位。行政主体和社会公众对馆藏文物是否拥有所有权，并不影响其对馆藏文物的支配和利用。当然，强调馆藏文物物权以实现公物的公共利用目的，并不否认其所有权的私权性质，只是在公物物权存续期间，所有权人的个体权利目的受到公权的极大限制。

其四，馆藏文物物权具有行政依附性。

民间收藏文物物权是独立存在的，即使当所有权发生转移，也是权利人发生变化，而所有权本身不会消失。与之形成鲜明对比的是，馆藏文物物权中的公物物权并不能独立存在，而是随着公物身份的存在而存在的，一旦馆藏文物的公物身份消失，公物物权也将不复存在，而公物身份的取得和维系，又必然需要行政权的支撑。也就是说，馆藏文物物权是依附于行政权而存在的，离开了行政权的支撑，馆藏文物物权也将终止。

行政权既可以依法拟制馆藏文物，进而产生馆藏文物物权，也可以依法取消馆藏文物，进而终止馆藏文物物权；既可以通过管理和养护馆藏文物，进而行使馆藏文物物权，也可以通过研究、展示馆藏文物，进而为公众利用权提供实现的条件。凡此种种，都离不开行政权的保障和支撑。

其五，馆藏文物物权权利救济兼具公法救济与私法救济模式。

民间收藏文物物权反映的是平等主体之间的财产关系，其权利救济主要通过民事法律规范来完成。与之不同，馆藏文物物权反映的是不平等的行政主体之间支配、利用公物的行政关系，其权利救济以适用公法救济模式为主，以私法救济模式为辅。

在馆藏文物利用过程中，当出现观众与博物馆的门票纠纷、本地观众与非本地观众之间的不平等待遇等问题时，当事人可能会向法院提起诉讼，这时便会面临在民事诉讼和行政诉讼之间选择的问题。2013 年 3 月，美国纽约大都会博物馆因“建议”门票费问题引发了观众对它提起的诉讼，原告认为博物馆作为公共信托资源，应该是免费的，“建议”性购买门票诱导了观众，致使超过 40%的成年参观者购买了全额门票。虽然美国没有行政法院与民事法院之分，但原告显然是将其作为公共信托资源对待的，属于公物诉讼的范畴，有别于私物诉讼。在公物法比较发达的法国，由于博物馆具有行政法上的公务法人地位，因此此类案件也归行政法院管辖。在我国，此类诉讼受公物理论和立法实践的影响很小，基本上仍然是作为民事诉讼案件处理，这显然是有待商榷的。事实上，当观众与博物馆因为公物利用而引起纠纷时，也经常会通过行政手段解决，比如向博物馆的主管机关投诉等。只是当行政手段不具有终局效力时，仍然需要通过诉讼途径解决，而在现有立法框架下，有关行政救济与诉讼救济之间衔接的法律规定还不够明确，有待继续完善。

在馆藏文物物权的行政诉讼中，被告人主体的确定也是一个复杂的问题。观众是应该将博物馆法人视为被告，还是将文物行政主管部门或者政府列为被告？笔者认为，博物馆作为法律授权的行政主体，是具体管理和提供公物利用的一方，博物馆提供公益用物的行为实质上是政府福利行为或服务行为的一种延伸方式；并且，从有利于维护观众诉权的角度出发，将博物馆法人列为行政诉讼被告具有一定的合理性和可行性。

需要强调的是，涉及博物馆和馆藏文物物权的诉讼中，并不全是行政诉讼，只有涉及公物设立、管理、利用的纠纷时才可能适用行政诉讼规则。在博物馆日常运行中，因合同、侵权等行为纠纷引起的诉讼仍然应该属于民事诉讼范畴。举例来说，当观众与博物馆因为购买纪念品、餐饮等服务产生纠纷时，仍应该寻求私法救济模式维护权利。

四、馆藏文物物权主体的权利与义务

博物馆馆藏文物物权法律关系是在馆藏文物物权设立、行使、废止过程中形成的人与人之间受相关法律规范调整的社会关系。如上所述，馆藏文物物权既受公法规范调整，也受到私法规范调整，其所反映的法律关系必然也表现出公法关系和私法关系兼备的特征。笔者认为，整体而言，馆藏文物物权法律关系既不同于常见的由具体行政行为引发的行政法律关系，也不同于由民法物权行为引发的民事法律关系，而是一种作为公共利益代言人的行政主体以实现馆藏文物公共文化价值的利用为中心，主要依靠公法来规范和保障，同时又带有民事物权法律关系因素的特殊行政法律关系，并且通过法律关系主体的权利和义务体现出来。

1. 文物行政主管部门

在我国，国家文物局是全国文物管理行政机关，地方各级文物行政部门是馆藏文物的行政管理机关，一起组成文物行政管理的主体框架。在馆藏文物领域，文物行政部门在公物命名、公物养护、公物管理和公物利用法律关系中发挥着主导作用。首先，文物行政部门是博物馆和馆藏文物取得公物身份的实际命名主体。由于“博物馆”和“馆藏”名称具有公物法律性质，因此并不是任何人随意使用的，而这也是世界各国对博物馆及其馆藏文物的性质确认的原则。《法国博物馆法》在“法国博物馆”称号的审核、授予、考评方面都有着严格规定。其中，一座博物馆要取得这个称谓，必须经过国家设立的文化部下属的博物馆最高委员会批准。《日本博物馆法》更像是一部博物馆组织法，博物馆称谓的取得也需要经过教育部批准。即使在以普通法和衡平法为主的英美等国，博物馆也得经过评审认证，通过专门设立的行政机关才能取得公共信托资源监管人的法律地位。如前所述，在我国，要设立博物馆除了具有一定数量、成系统的藏品外，文物行政机关的许可或确认也是必要条件。如果一家博物馆虽然也以“博物馆”命名，但是如果没有经过文物行政机关批准，也只能是事实上的公物，而不是法律意义上的公物，甚至可能引发违法和侵权问题。其次，文物行政部门是为公众提供文化公共服务的行政主体。虽然博物馆所举办的各类活动都是各个博物馆根据自身条件具体规划和实施的，但是，从本质上说，博物馆所从事的各类服务于公众的文化活动都具有公益性质，在广义上都是文物行政部门授权或委托而为之。换句话说，这些文化服务都是行政机关授权或委托实施的具有给付行政、福利行政性质的行政行为。最后，馆藏文物的公物处置权属于文物行政管理部门。无论馆藏文物的所有权如何，对馆藏文物进行定级、复制、维修、保养、退出馆藏等都要经过文物行政部门审批，这里既有行政许可行为，也有行政确认行为；既有行政合同行为，也有行政授权行为。

2. 博物馆法人

在行政主体分类中，除了国务院和地方各级政府行政机关之外，经法律、法规、规章授权的非行政机关组织也具有行政主体资格，而在馆藏文物物权法律关系中，博物馆法人在经法律、法规、规章授权的前提下，有时也具有行政主体资格，并担负着行政主体的职责。比如，博物馆作为独立法人都有权利自主决定是否将一件文物征集并收藏，从而直接取得馆藏文物的命名。而这种由博物馆法人直接命名的情形看上去似乎并不是行政机关的直接命名行为，因而也似乎不属于行政行为范畴。不过，经过深入分析我们会发现以下两方面因素：第一，从博物馆作为"物"的角度来看，博物馆自身即是通过行政命名而来的公物，博物馆征集、收藏文物的行为，本身就是公物发挥其公共服务功能的一种具体体现，其所征集、收藏的文物必然也属于公物性质。第二，从博物馆作为"人"的角度来看，法律赋予了博物馆征集、收藏文物的资格。与民间收藏文物主体不同的是，博物馆实际上是法律授权的对文物享有征集、收藏权力（利）的被授权人，有权力（利）在文物行政管理部门监管下对馆藏文物进行命名，是经过法律授权而取得行政法律关系中行政主体地位的适格主体。举例来说，在馆藏文物管理中所涉及的文物鉴定行为即表现出强烈的行政主体色彩。一般而言，受文物鉴定技术和不同方法等因素影响，鉴定结论也必然具有相对性，这一事实是客观存在的，因此在很多情形下文物鉴定结论都具有不确定性的效力特征，只有借助司法强制力才能对司法鉴定结论赋予确定效力。而在博物馆馆藏文物鉴定中，博物馆法人对馆藏文物作出的鉴定结论从该结论产生伊始就会具有受公法保护的、确定的对世效力，而这确定效力的来源即是博物馆法人在馆藏文物物权行政法律关系中行政主体资格的生动写照。另外，博物馆的行政物权法律关系主体资格还表现在对藏品的一般利用、特别利用等领域针对公众制定相应的规则等许多方面。

博物馆法人作为行政法律关系相对人，主要体现在博物馆法人作为馆藏文物养护义务人以及直接提供公共文化产品以供公益利用的义务人两个方面。公物养护是公物利用的保证，正如公路养路单位对公路进行养护，河流管理单位对河流进行疏浚、清淤，学校对教育设施进行维护一样，馆藏文物也需要博物馆法人对其进行科学养护和管理。在我国的博物馆藏品立法中，有关馆藏文物管理和养护的规范性条文无论在数量上还是深度上都远较其他类型的藏品为多。从馆藏文物的安全保护、原状保护、文物修复、复仿制、出入境等多角度都有相应的实定法条款。[①] 与此同时，文物的文化性并不都是直观地表露出来的，需要对其文化内涵进行研究和挖掘，在对馆藏文物的公物利用中，博物馆也承担着向公众展示其文化内涵、提供研究之用的义务。[②]

3. 馆藏文物所有人

与财产所有权法律关系中所有权人居于权利主体地位不同，馆藏文物所有权人在公物管理和利用法律关系中，主要是作为行政相对人存在的，在物权范围内承担着保证公物目的实现的

---

① 笔者注：比如《文物保护法》第三十八条规定："文物收藏单位应当根据馆藏文物的保护需要，按照国家有关规定建立、健全管理制度，并报主管的文物行政部门备案。未经批准，任何单位或者个人不得调取馆藏文物。文物收藏单位的法定代表人对馆藏文物的安全负责。国有文物收藏单位的法定代表人离任时，应当按照馆藏文物档案办理馆藏文物移交手续。"

② 笔者注：比如《博物馆管理办法》第二十八条规定："博物馆对公众开放，应当遵守以下规定：（一）公告服务项目和开放时间；变更服务项目和开放时间的，应当提前 7 日公告；（二）开放时间应当与公众的工作、学习及休闲时间相协调；法定节假日和学校寒暑假期间，应当适当延长开放时间；（三）无正当理由，国有博物馆全年开放时间不少于 10 个月，非国有博物馆全年开放时间不少于 8 个月。"

容忍义务。具体而言，馆藏文物所有权人的权利义务大致有以下几方面：第一，享有剩余财产权。在馆藏文物没有被设定为公用的部分，所有权人仍可以行使私法上的所有权，只是该权利的行使不得妨碍设定公用部分的公用功能。比如依据捐赠合同规定，捐赠人对馆藏文物享有的使用、收益权等。第二，特别利用情形下的处分权。在他有公物领域，当发生超越公物本来目的之外的特别利用时，除了需要得到管理人同意之外，还需要得到所有权人的同意。比如第三方研究机构对不属于非国有博物馆所有的某一件馆藏文物进行科学探伤、成分分析等检测时，即需要征得管理人和所有权人同意。第三，容忍和协助义务。馆藏文物所有权人在符合公物本来目的的利用过程中，需要承担不同于法律义务的拘束，也即容忍义务。当权利主体对公物进行管理和利用时，所有权人不得阻止，并且必要时应当予以协助。比如博物馆法人对馆藏文物进行鉴定评级时，馆藏文物所有权人不仅应该提供必要协助，而且应服从于评级结果，即使对鉴定评级有异议，也不能以所有权人的身份行使否决权，而只能通过行政程序解决。

4. 利用人

如上所述，利用人对馆藏文物进行符合公物目的的利用，究竟是一种权利还是反射利益，学界有不同的理解。英美法系中，利用人是被视为衡平法上的信托财产所有权人而对待的。大陆法系公物理论虽然存在反射利益说与权利说的不同认识，但将其视为一种权利已逐渐成为共识。[①] 事实上，公物的本来目的是服务于公共利用，出于对公物公共利用本来目的的保护考量，只有将其视为一种权利，才能让利用人对公物的公共利用有所保障，比如由权利而产生的诉讼主体资格的获得。同时，社会公众对公物的权利也多来源于法律的规定。因此，笔者认为，就博物馆馆藏文物的利用来说，将利用人视为享有公物物权的主体较为合适。

① 侯宇著：《行政法视野里的公物利用研究》，清华大学出版社，2012 年版，第 119 页。

第七章　博物馆馆藏文物所有权

馆藏文物是博物馆藏品的重要组成部分，从物权意义上来说，博物馆收藏和管理馆藏文物并不意味着博物馆法人必然对馆藏文物享有所有权，也可能是占有权或者仅存在事实上的占有状态。换言之，博物馆取得法人资格并不以对馆藏文物拥有所有权为必需，而仅以对馆藏文物拥有“管领”的直接支配权为必要条件。在博物馆立法中，对馆藏文物享有所有权也并不是博物馆法人设立的要件。比如，2015 年《博物馆条例》第二条使用了“利用或主要利用……”的表述，只是规定了博物馆与包括文物在内的藏品的利用物权关系，而没有特别强调对藏品的所有权关系。第十条规定：“设立博物馆，应当具备下列条件……相应数量的藏品以及必要的研究资料，并能够形成陈列展览体系……”在法律语境下，“具备”显然与“所有”有着明显不同。然而，法律没有对博物馆馆藏文物所有权提出明确要求，并不表示馆藏文物的所有权不存在或不重要，只是囿于部门法所调整的社会关系的侧重点不同，若将属于民法概念的所有权在行政法中加以详细规定，显然存在立法技术上的局限。事实上，在博物馆实务中，馆藏文物所有权问题无处不在，比如馆藏文物是否应该被纳入国有资产管理、是否可以自由转让、是否可以自由处置等等，都需要在所有权法理背景下展开讨论，并且直接影响到馆藏文物的有效保护和合理利用。因此，对博物馆馆藏文物的所有权问题进行较为深入探讨显然是必要的。

一、博物馆馆藏文物的所有权类型

所谓所有权，在实定法上是指财产所有人“依法对自己的财产享有占有、使用、收益和处分的权利”。[①] 也有学者从学理上将所有权的概念解释为：“所有权，是指在法律规定的范围内，权利人对自己的不动产或者动产以占有、使用、收益、处分等方式为自由支配，并排除他人干涉的权利。”[②] 可见，民法意义上的所有权属于财产权范畴，在权利性质上属于物权，是物权制度的基本形态。

馆藏文物被命名为公物并不以博物馆法人取得文物的所有权为前提，馆藏文物的公物属性与其所有权之间并不存在共存的矛盾。也就是说，无论是国有博物馆还是非国有博物馆，馆藏文物的公物属性并不会因所有权主体的不同而发生变化，只是存在自有公物与他有公物的区别而已。博物馆馆藏文物实际是博物馆法人依法占有的文物，这种占有的实质物权内涵既可能是作为所有权权能之一的占有权，也可能仅仅是法律规定的占有事实。因此，博物馆馆藏文物所有权仍然属于文物所有权范畴，只是因其具有了公物的身份，导致其所有权与一般文物所有权相比具有一些独特性。

李晓东老师认为，在我国经济所有制结构下，文物的所有

---

① 《中华人民共和国民法通则》第七十一条。

② 龙翼飞：《物权法原理与案例教程》，中国人民大学出版社，2008年版，第78页。

权类型分为三种，即国家所有、集体所有和公民个人所有。[①] 就博物馆馆藏文物的所有权而言，这三种所有制类型也同样存在。依据《博物馆条例》第二条第二款所作如下规定："……利用或主要利用国有资产设立的博物馆为国有博物馆；利用或主要利用非国有资产设立的博物馆为非国有博物馆。"这里分别对两类博物馆的馆藏文物所有权进行概括分析。

1. 国有馆藏文物所有权

就私法层面而言，国有文物是作为物权客体存在的，理论上与物权法上的国家财产在性质上具有同一性。其中，国有非馆藏文物属于私法意义上的"财政财产"，以保值增值为目标，属于国有资产范畴，适用《物权法》第五十三条至五十五条之规定。[②] 比如国有文物商店出售的文物，国有企业收藏的文物等等。但是，就公法层面而言，国有馆藏文物属于"公务用财产"或"公共用财产"，不以保值增值为目标，不得作为法人债务财产，而是以保护原状和实现文物的公益性利用为目标。因此，国有馆藏文物与国有文物在所有权的内涵上相差甚远，仅表现为名义上的所有权，也即公物法学者所说的"剩余财产权"。概而言之，国有博物馆馆藏文物所有权具有以下几方面特征：

(1) 所有权主体的唯一性

在我国，国家所有的实质是全民所有，相应的，国有博物

---

① 李晓东：《文物保护法概论》，学苑出版社，2002 年版，第 70 页。

② 《物权法》第五十三条：国家机关对其直接支配的不动产和动产，享有占有、使用以及依照法律和国务院的有关规定处分的权利。第五十四条：国家举办的事业单位对其直接支配的不动产和动产，享有占有、使用以及依照法律和国务院的有关规定收益、处分的权利。第五十五条：国家出资的企业，由国务院、地方人民政府依照法律、行政法规规定分别代表国家履行出资人职责，享有出资人权益。

馆馆藏文物的国家所有的实质也是全民所有，其所有权主体应当是全体人民。馆藏文物的国家所有权主体属于全体人民包含两层含义：第一，国有文物属于全体人民共有，每一名社会成员都是所有者；第二，全民所有权并不是每一名社会成员所有权的相加，每一名社会成员都需要与其他所有社会成员的所有权同时存在、同时行使才能符合社会公共意志。因此，需要有一个代表全体人民公共利益的法律上的主体代为行使国家所有权，《物权法》第四十五条规定："法律规定属于国家所有的财产，属于国家所有即全民所有。国有财产由国务院代表国家行使所有权。"这里规定了国务院代表国家行使所有权，其中也包括文物所有权。

在法国等西方国家的博物馆立法中也存在国家所有权，但是，这种国家所有权不同于我国的国家所有权。其主要区别在于，虽然两者所有权主体都是国家，但中国的国家所有权是全民所有，真正的所有权人是全体人民，代为行使国家所有权的国务院只是形式意义上的主体，并不应该有自身的法人利益诉求，而西方资本主义国家所有权的主体则是实质意义上的主体，有着自身的法人利益诉求。

需要强调的是，国有博物馆法人虽然是直接管理馆藏文物的主体，但是它不是馆藏文物所有权人，仅仅是公法意义上的管理权人。或者可以说，国有博物馆法人是受馆藏文物所有权人委托，负有管理、养护、利用馆藏文物的公物物权主体。正如《文物保护法》第五条所规定："……属于国家所有的可移动文物的所有权不因其保管、收藏单位的终止或者变更而改变……"

（2）所有权客体的广泛性

馆藏文物所有权客体基本上与可移动国有文物在范围上相一致。第一，出土文物。出土文物是指原来埋藏于地下或水下，经发掘或其他原因出土的文物。出土文物是地下埋藏文物面世后的称谓，既包括经过科学考古发掘出土的文物，也包括其他方式出土的文物。《文物保护法》对地下文物的发现、报告、管理、保护等都有着具体规定。[①] 第二，民间收藏文物。民间收藏文物是指文物收藏单位以外的公民、法人和其他组织合法所有的文物，也称传世文物或流散文物。这部分文物数量庞大，种类众多，流传关系复杂，是馆藏文物的重要来源。

（3）取得方式的多样性

《文物保护法》第三十七条规定文物收藏单位可以通过下列四种方式取得文物，即购买、接受捐赠、依法交换和法律、行政法规规定的其他方式。征集，是指博物馆法人依法直接向原有文物所有权人有偿或无偿获取文物所有权的行为。比如，博物馆为了筹办一个古代钱币专题展览，直接向收藏有古钱币的收藏家进行征集。购买，是指博物馆通过依法设立的文物商店或具有文物拍卖资格的拍卖公司购买文物的行为。文物作为具有经济价值的财产，在市场上流通是必要的。为了保证文物在

---

① 《文物保护法》第三十二条第一款规定：“在进行建设工程或者在农业生产中，任何单位或者个人发现文物，应当保护现场，立即报告当地文物行政部门。”第二款同时规定：“依照前款规定发现的文物属于国家所有，任何单位或者个人不得哄抢、私分、藏匿。”第三十四条规定：“考古发掘的文物，应当登记造册，妥善保管，按照国家有关规定移交给由省、自治区、直辖市人民政府文物行政部门或者国务院文物行政部门指定的国有博物馆、图书馆或者其他国有收藏文物的单位收藏。经省、自治区、直辖市人民政府文物行政部门或者国务院文物行政部门批准，从事考古发掘的单位可以保留少量出土文物作为科研标本。”

流通中的安全，同时为文物流通市场的秩序，文物保护法对文物交易进行了许多规范，其中，对交易渠道的限制是最主要的措施。根据相关法律规定，有资格经营文物的市场主体包括两种，即依法设立的文物商店和具有文物拍卖资格的拍卖公司。[①]接受捐赠，是指文物所有权人将自己所有的文物无偿捐赠给博物馆的行为。[②]

就国有博物馆来说，法律、行政法规规定的其他方式还包括罚没、拣选等方式取得的文物所有权。罚没文物是指国家机关依法没收、追缴的文物。[③] 拣选文物是指银行、冶炼厂、造纸厂以及废旧物资回收等单位在日常工作拣选出来的文物。这些部门的工作性质决定了它们接触混杂在其他物品中的文物的机会比较多，因此，拣选文物成为这些行业的一项重要任务。[④] 比如现收藏于国家博物馆的四羊方尊等青铜器就是通过拣选发现的。无论拣选单位的所有制性质如何，通过拣选发现的文物，

---

① 《文物保护法》第五十三条规定："文物商店应当由国务院文物行政部门或者省、自治区、直辖市人民政府文物行政部门批准设立，依法进行管理。文物商店不得从事文物拍卖经营活动，不得设立经营文物拍卖的拍卖企业。"第五十四条规定："依法设立的拍卖企业经营文物拍卖的，应当取得国务院文物行政部门颁发的文物拍卖许可证。经营文物拍卖的拍卖企业不得从事文物购销经营活动，不得设立文物商店。"

② 《文物保护法》第五十二条规定："国家鼓励文物收藏单位以外的公民、法人和其他组织将其收藏的文物捐赠给国有文物收藏单位或者出借给文物收藏单位展览和研究。国有文物收藏单位应当尊重并按照捐赠人的意愿，对捐赠的文物妥善收藏、保管和展示。"

③ 《文物保护法实施细则》第三十七条规定："公安部门、工商行政管理部门和海关等在查处违法犯罪活动中依法没收、追缴的文物，应当在结案后尽快按照规定移交文物行政管理部门。"

④ 《文物保护法实施细则》第三十五条规定："银行、冶炼厂、造纸厂以及废旧物资回收等单位的文物拣选工作，应当接受文物行政管理部门的指导，并妥善保管拣选文物，尽快向文物行政管理部门移交。"

其所有权均属于国家，国家依法给予拣选单位合理补偿。①

2. 非国有博物馆馆藏文物所有权

在非国有博物馆领域，馆藏文物所有权的情况比较复杂。根据物权法立法精神，集体、私人文物所有权受法律保护，除国家为了公共利益对文物征用外，文物所有权人都有是否将其所有的文物加以公物化的自由，并且，在将其所有的文物公物化过程中，既有将其所有权转让的自由，也有不将其所有权转让的自由。因此，当集体、私人所有文物被命名为馆藏文物时，其所有权并不一定发生转移，这主要取决于博物馆设立时文物原始所有人的意思表示。即当文物原始所有权人主观表示将所有权整体转让并在博物馆章程中有所体现，则文物所有权发生转移，由博物馆法人享有馆藏文物所有权。当文物原始所有权人并没有主观表示将所有权转让，而是仅转移文物的占有关系，则不发生文物所有权的转移，馆藏文物所有权仍然由原始所有权人享有。具体来说，非国有博物馆馆藏文物所有权在很多方面都表现出与国有博物馆不同的特点。

（1）所有权主体的多元性

与国有博物馆馆藏文物所有权主体的唯一性不同，非国有博物馆馆藏文物所有权主体包括非国有博物馆法人和原始文物所有权人。

在两种情形下，非国有博物馆法人可以成为馆藏文物所有权主体。一是在博物馆设立时，博物馆法人根据博物馆章程有

---

① 《文物保护法实施细则》第三十六条规定："文物行政管理部门接收移交的文物，应当按照银行、冶炼厂、造纸厂以及废旧物资回收等单位收购时所支付的费用加一定比例的拣选费合理作价。"

关原始文物所有权人将文物所有权转让给非国有博物馆法人的规定，并根据物权法完成文物交付或登记，从而取得所有权。二是非国有博物馆法人存续期间，通过征集、购买、接受捐赠、交换等方式依法取得的馆藏文物，这部分文物的所有权也归非国有博物馆法人所有。可以看出，就博物馆法人而言，非国有博物馆法人可以成为馆藏文物所有权的主体，而国有博物馆法人则不能成为馆藏文物所有权主体。

原始文物所有权人是指文物被命名为馆藏文物之前依法享有文物所有权的人，既包括自然人，也包括法人和其他社会组织等民法主体。原始文物所有权是相对馆藏文物所有权而言的，在一件具体文物被命名为馆藏文物之前，属于法律明确规定的民间流散文物范畴，因此，原始文物所有权也应当遵守《文物保护法》、《拍卖法》等法律文件关于民间文物流转的规定。比如所有权的取得途径仅限于《文物保护法》第五十条所规定的几种情形。[①] 在被命名为馆藏文物之前，这些文物由原始文物所有权人占有和支配，当这些文物转化为馆藏文物之后，其所有权是否同时也转让到博物馆则取决于原始文物所有权的意思表示，以及物权法对物的转让所要求的具体条件。如果转让的仅仅是文物的占有、使用权，并没有明确其所有权的转让，则该馆藏文物的所有权仍然归原始文物所有权人所有。即使这时所有权的权能已经所剩无几，甚至仅存名义上的所有权，也不能

---

① 《文物保护法》第五十条规定：文物收藏单位以外的公民、法人和其他组织可以收藏通过下列方式取得的文物：（一）依法继承或者接受赠予；（二）从文物商店购买；（三）从经营文物拍卖的拍卖企业购买；（四）公民个人合法所有的文物相互交换或者依法转让；（五）国家规定的其他合法方式。文物收藏单位以外的公民、法人和其他组织收藏的前款文物可以依法流通。

否认这种所有权的存在。毕竟，无论是国家还是原始文物所有权人，他们将其所有的文物命名为公物的目的是基于“公共利益”的需要而有效发挥“公物”的文化遗产功能，而公物的设立和发挥效用并不必须以行政主体拥有对物的所有权为前提。

（2）所有权客体的局限性

与国有博物馆馆藏文物相比，非国有博物馆馆藏文物范围表现出明显的局限性。一方面，在原始文物所有权人拥有所有权的情况下，馆藏文物都源自于民间收藏文物，而民间收藏文物无论在收藏对象还是收藏途径上，都会受到《文物保护法》、《拍卖法》等法律的限制。另一方面，在非国有博物馆法人拥有所有权的情况下，馆藏文物范围的限制表现出两种情形：第一，在非国有博物馆法人设立时的原始取得中，馆藏文物都源自于原始文物所有权人的转让，其范围当然不会超过原始文物所有权人所能取得文物的范围。第二，在非国有博物馆法人存续期间的继受取得中，非国有博物馆法人作为文物收藏单位依法享有法律赋予的征集权，可以根据《文物保护法》第三十七条规定拓展文物征集的方式，[①] 但是，这种征集权也只是突破了诸如《文物保护法》、《拍卖法》等法律文件禁止流通文物的范畴，并且是以不侵犯国有文物所有权为前提的，比如非本馆所有的非国有馆藏珍贵文物。而依法属于国有文物的出土文物、罚没文物、拣选文物等均不能作为非国有博物馆直接征集的对象。

（3）取得方式的法定性

非国有博物馆取得馆藏文物所有权方式的法定性体现在，

---

① 《文物保护法》第三十七条规定：文物收藏单位可以通过下列方式取得文物：（一）购买；（二）接受捐赠；（三）依法交换；（四）法律、行政法规规定的其他方式。

当博物馆法人设立时，原始文物所有权人依法转让，只需要遵循一般物权转让的普通规则。而当博物馆法人存续期间取得馆藏文物所有权时，需要遵守《文物保护法》第三十七条的规定，通过购买、接受捐赠、依法交换等方式取得所有权，依法完成交付和登记，并且其所有权人只能是非国有博物馆法人，而不能是举办人。

通过交换方式取得馆藏文物所有权，是指非国有博物馆之间根据自己馆藏需要，用自己的藏品与其他非国有博物馆进行物物交换而取得文物所有权的行为。比如甲博物馆用馆藏的一件宋代瓷器交换乙博物馆馆藏的一件明代绘画作品。需要注意的是，博物馆之间的交换不应该等同于民间文物的一般交换。一方面，博物馆馆藏文物属于公物范畴，如果允许博物馆主体与非博物馆主体进行交换，就会使馆藏文物存在失去其作为服务于公共利益的公物属性风险。所以，交换只能在博物馆之间进行。另一方面，博物馆馆藏文物交换将会发生退出本馆馆藏的法律后果，因此，需要适用公法关于公物撤销程序的规定。[①]

二、博物馆馆藏文物所有权权能的弱化

通说认为，完整的所有权主要包括占有权、使用权、收益权和处置权四项权能，就博物馆馆藏文物所有权而言，除了非

① 《博物馆条例》第二十二条第二款规定：未依照前款规定建账、建档的藏品，不得交换或者出借。《博物馆管理办法》第二十四条规定：非国有博物馆申请藏品退出馆藏，申请材料应附理事会、董事会或其他形式决策机构的书面意见。博物馆所在地省级文物行政部门应当在收到申请材料的30个工作日内作出是否允许退出馆藏的决定，并报国务院文物行政部门备案。

国有博物馆法人作为馆藏文物所有权人的情况之外，绝大多数情况下，馆藏文物的所有权主体都是和占有、支配、使用物的主体不一致的，并且所有权人对馆藏文物所享有的物权权能的弱化是非常明显的。即使是在非国有博物馆法人对馆藏文物拥有所有权的情况下，受公共利益优先地位的制约，其所有权权能也与普通物权法意义上的所有权有着明显的区别。具体来说，博物馆馆藏文物所有权权能的弱化现象主要体现在以下几方面。

1. “占有”的让渡

博物馆法人对非自己所有的馆藏文物的“占有”是研究博物馆法人与馆藏文物物权关系的基本问题之一。关于“占有”的认识，大致存在“事实说”、“权利说”、“权能说”三种主要观点。[①]“事实说”认为占有是一种事实，即“占有人对于物有事实上的管领的事实”。[②]“权利说”主张占有应当是一种权利。然而，对于非法占有来说，显然非法占有人的权利在法律上不能成立。“权能说”认为占有是所有权的一项权能。无论哪种观点，都有其一定的道理，但是又不全面。事实上，《物权法》关于占有的规定也体现了占有概念的复杂性。一方面，第三十九条是把占有作为所有权权能之一加以规定的。[③]并且这种权能是可以和所有权相分离的。另一方面，《物权法》第五条专门就占有进行了规定。而这里的占有更多反映的是一种法律事实。笔

---

① 龙翼飞主编：《物权法原理与案例教程》，中国人民大学出版社，2008年10月第1版，第436页。

② 陈华彬著：《物权法原理》，国家行政学院出版社，1998年第1版，第787页。

③ 《物权法》第三十九条规定：“所有权人对自己的不动产或者动产，依法享有占有、使用、收益和处分的权利。”

者认为，博物馆法人与馆藏文物之间的占有关系需要分别不同情况来界定。在自有公物条件下，博物馆法人对馆藏文物拥有占有权。在他有公物条件下，将博物馆法人与馆藏文物的占有关系既可能是基于占有权让渡的契约关系，也可能仅仅是一种法律意义上的占有事实。

毫无疑问，不论馆藏文物的所有权人如何，其事实上的占有人只能是博物馆法人。除了非国有博物馆法人所有的馆藏文物之外，其他情况下的占有人都是与所有权人相分离的。一般来说，所有权的最直接体现即是对物的占有，尤其是对于动产而言，更是如此。然而，无论是在国有博物馆领域，还是在非国有博物馆领域，因所有权人与占有人之间的不同，导致占有人实际控制和作用于馆藏文物的实际效力在外观上远远大于所有权人，甚至给第三人造成所有权转移的错觉，这种给第三人造成的所有权错位也在一定程度上导致所有权人对馆藏文物享有的所有权的弱化。不过，馆藏文物的占有与所有权人相分离的事实，也体现了所有权人对物的一种处分，也就是将对物的占有让渡于占有人，这也恰恰反证了馆藏文物原始所有权的存在。

博物馆法人对馆藏文物占有的取得途径非常多，包括协议取得、指定取得、法定取得等。协议取得，是指博物馆法人通过协议方式从原始文物所有人那里取得对馆藏文物的占有。典型情况是非国有博物馆设立之时，原始文物所有人通过协议、章程直接将文物转移占有，以满足博物馆设立的基本要件。博物馆存续期间，博物馆法人之间，还可以通过协议方式转移占有。指定占有，是指国有博物馆通过文物行政部门指定而占有馆藏文物。比如，考古发掘的文物依法需要由行政管理部门指定的国有博物馆收藏。[①] 法定取得，是指博物馆法人通过法律明确规定的方式直接取得对文物的占有。[②] 需要注意的是，就非国有博物馆而言，通过法定方式继受取得的一般是所有权，自然也包括了对文物的占有；而对国有博物馆来说，其所有权永远属于国家，博物馆法人只能是对馆藏文物实施占有。

2. 使用权的局限

在私法语境下，除有法律明确规定外，所有权人可以对物任意使用。在公法语境下，所有权人对物的这种宽泛的使用权则会受到公法规范的许多限制，体现出私法公法化特征。在馆藏文物使用中，除了所有权人在公物命名时存在特殊保留之外，其所享有的利用权与社会公众是基本相同的。并且，从公法意义上来说，这种利用权并不是来源于所有权，而是源自于公法授权。比如，博物馆设立人将自己收藏的文物纳入馆藏文物序列之后，除在博物馆设立章程中有特殊规定并经行政部门备案、登记之外，他只能以普通公众身份行使对这件文物的公物利用权，而不能以所有权人身份行使所谓的使用权。否则，将会影响到公物服务于公众利益的独立性和完整性。

3. 收益权的转移

在私法物权观念中，收益权是所有权的重要体现，文物所具有的文化性和财产性都是固有的，所有权人对文物的经济价

---

① 《文物保护法》第三十四条第二款。

② 《文物保护法》第三十七条规定："文物收藏单位可以通过下列方式取得文物：（一）购买；（二）接受捐赠；（三）依法交换；（四）法律、行政法规规定的其他方式。"

值享有专属权。但是，当文物转变为馆藏文物之后，这种收益权也发生转移。尤其是非国有文物被命名为馆藏文物之后，这种由于收益权转移所带来的所有权弱化现象表现的更为明显。究其原因，还是源自于所有权在公物命名后的剩余财产权使然。比如，集多位收藏家藏品而创办的博物馆，观众参观馆藏文物所购买的门票应属于公物管理人，即博物馆法人所有，而不属于馆藏文物所有权人所有。

4. 处置权的限制

（1）文物性质转化的限制

馆藏文物所有权人虽然享有将私物命名为公物、将公物解除命名回归为私物的请求权。但是，无论是哪种情形，都需要经过行政主体的审批。尤其是将馆藏文物退出馆藏序列，恢复其私物身份时，这种限制表现得愈加明显。《博物馆管理办法》第二十二条规定："不够本馆收藏标准，或因腐蚀损毁等原因无法修复并无继续保存价值的藏品，经本馆或受委托的专家委员会评估认定后，可以向省级文物行政部门申请退出馆藏。"第二十四条规定："非国有博物馆申请藏品退出馆藏，申请材料应附理事会、董事会或其他形式决策机构的书面意见。博物馆所在地省级文物行政部门应当在收到申请材料的30个工作日内作出是否允许退出馆藏的决定，并报国务院文物行政部门备案。"可见，当馆藏文物退出馆藏时，所有权主体在申请主体、批准主体、批准程序方面均没有体现出普通所有权人对物的管控权利。

（2）所有权转让的限制

当非国有博物馆终止时，其藏品可以依法流通或转让给其他博物馆。[①] 需要强调的是，依法不能流通的藏品，转让给其他博物馆时，并不是否定原始文物所有权人的所有权，而是对权利行使的范围和方式进行了规制。具体来说，依法不能流通的，应当是指珍贵文物而言，即被认定为一、二、三级文物的藏品。这部分文物已经具有了法律规定的珍贵文物的性质，因此也失去了回归可融通物的前提，当然也不能完全恢复原有民事物权的初始状态。但是，为了保护原始所有权人的利益，理应允许其进行有偿转让，只是转让对象只能是其他博物馆，以便继续保持其公物的性质。

关于博物馆存续期间，馆藏文物所有权人能否转让所有权的问题。笔者认为，在不妨碍公物公共利用的前提下，公物所有权对公物剩余财产权的处分范围理应包括私法规则调整下的转让行为。只是在这种情形下，双方需要遵守文物流转的有关法律规定，并通过“指示交付”方式完成动产交付。法律对馆藏文物在公物属性存续期间允许转让，将会使得民间收藏家的物权权利得到保障，进而极大地促进民间力量参与博物馆建设的积极性和热情，同时促进博物馆整体事业的整体发展，因此，有必要在相关立法或解释中对馆藏文物私法物权的实现方式加以明确和保护。需要注意的是，西方国家公物法理论关于禁止公物转让的实质并不是否定剩余财产权的转让，而是禁止任意在公物之上设置私物物权以免影响公物的安全性，与本书所主张的馆藏文物存续期间的转让以不妨碍公物属性为前提是一致的，两者并不存在法理上的冲突。

---

① 《博物馆管理办法》第十八条第二款规定：非国有博物馆终止的，其藏品属于法律规定可以依法流通的，允许其以法律规定的方式流通；依法不能流通的藏品，应当转让给其他博物馆；接受捐赠的藏品，应当交由其他博物馆收藏，并告知捐赠人。

结 语

公物法学作为新兴的行政法学分支，为新时期行政体制改革中存在的社会现象的研究拓宽了视野，提供了新的研究方法。它不仅丰富了行政法学理论体系，而且对行政实践也有着不可忽视的指导作用。就博物馆而言，博物馆的法律地位始终是博物馆法学中的基础问题之一，立足于公物法视野对这一问题进行深入分析和探讨，较之于单一的民事主体地位视角显然更具有宏观性和整体性，同时也更容易与博物馆实务产生紧密关联。

如上所述，博物馆是由作为公物的藏品和作为智力资源的人结合而成的公营造物，其法律地位兼具“物”与“人”的双重属性。作为“物”，它是行政主体提供给社会公众，以实现其公共服务职能的“公共设施”；作为“人”，它依法具有独立的法人人格，并可以作为适格法律主体参与到相应的法律关系中。与一般民事主体不同，博物馆的“人”之法律地位的取得、权利义务范围、消灭等都有其独特的法律规制。简言之，博物馆法人既可以依法作为民事法律关系主体，也可以依法作为行政法律关系主体，并且，无论其表现为何种法律关系主体，其法人行为都需要以依法服务于藏品保护和公众的公共利益为基本价值取向。

动态上看，博物馆兼具“物”与“人”的双重属性是通过博物馆公物法律关系表现出来的，或者说博物馆的这种双重属性直接影响着博物馆公物法律关系。当博物馆主要体现其公营造物属性时，是作为公物法律关系客体存在的，而当其主要体现其法人属性是，则是作为公物法律关系主体存在的，从而使得博物馆公物法律关系具有了混合性特征，并且贯穿于博物馆公物命名法律关系、博物馆公物管理关系以及博物馆公物利用关系的始终。

无论是大陆法系的公物理论还是英美法系的公共信托理论，都离不开对公共利益与相关物权之间关系的关注。就博物馆而言，作为构成博物馆公营造物之物质要素的藏品同样具有公物特征，由此也在物权结构上体现出私法物权与公法物权的二元性特征，并对其所有权权能的弱化有着深刻影响。

应该说，本书是以公物法理论为媒介对博物馆实务中所蕴含的深层次基础法理问题进行的一次跨学科、跨部门法研究的尝试。虽然梳理出的某些观点也许能为分析和解答博物馆实务中的部分棘手问题提供可资参考的思维路径，但是，限于我国公物法理论研究尚处于成长阶段，且相关司法实践尚显欠缺，因此，在这一领域的研究仍然还有许多值得继续深入探究的工作要做。

附论 1：

从公物法视角看法国公立博物馆

受大陆法系传统公私法划分的影响，在博物馆领域，根据设立主体的不同，往往将博物馆分为公立博物馆与私立博物馆。简言之，公立博物馆是指由公法人设立的博物馆，私立博物馆是指由私法人设立的博物馆。其中，公立博物馆作为向社会提供公共文化服务的公益性机构，在大陆法系国家通常被视为公物法调整的对象。法国作为大陆法系的代表之一，在运用行政公产理论和相关实定法规则对博物馆这一社会现象和文化现象进行规范和调整方面，有着许多值得关注的实践经验和相关法理背景。本文即是笔者在对法国部分公立博物馆实地考察和交流学习的基础上，从公物法视角对法国公立博物馆所做的浅显分析和探讨。

一、法国公立博物馆的界定及特征

根据《法国博物馆法》（2002 年）给博物馆所下的定义，博物馆是指“通过保存与陈列永久性的非营利性收藏，并以提供知识、教育和欣赏为目的场所”。在此基础上，又分为拥有“法国博物馆”称谓的博物馆和无“法国博物馆”称谓的博物馆。其中，“法国博物馆”是由藏品所有权人申请，经法国博物馆高层委员会上报，由文化部部长决定而授予这一称谓的博物馆，包括国家所有的博物馆、公有性质的法人所有博物馆或者非营利性质的私立博物馆。从设立主体来看，国家所有的博物馆和由地域性行政单位（包括行政大区、省、市镇）所有的博物馆（公有性质的法人）均属于法国行政法中的行政主体设立的博物馆，本文所探讨的公立博物馆即指这类博物馆而言。比如卢浮宫和吉美亚洲艺术博物馆由国家设立，里昂汇流博物馆由罗纳—阿尔卑斯大区行政主体设立，里昂高卢—罗马博物馆由罗纳省级行政主体设立，马赛地中海考古博物馆则由马赛市级行政主体设立。

与德国、日本以及我国两岸行政法学者常用的“公物”和“公营造物”的称谓不同，在法国行政法中使用的是“行政公产”和“公立公益机构”的概念。其中，公立博物馆与公立大学、公立医院等机构均属于“公立公益机构”的范畴，我国也有学者将其译为“公务法人”。堪称法国行政法奠基人的莫里斯·奥里乌将“公立公益机构”定义为“一个人格化的专门性的公共服务机构”。根据 1985 年法国国家参事院提供的题为《公立公益机构的研究》的官方报告，“公立公益机构”是一个“以某项专门性任务为己任，并就此享有一定行政和财务自治权的公法上的法人”。可以看出，作为法国公立公益机构最常见表现形式之一的公立博物馆至少应该具有以下几方面特征。

1. 公法法人属性

首先，法国公立博物馆的创设主体是诸如国家、地域性行政单位这些具有公权力的行政主体，这是将博物馆的人格属性归属于公法上法人机构的先决条件。其次，就法人组成需具有自身的财产来看，法国公立博物馆藏品均属于行政公产范畴。正如马赛市政府博物馆处公关负责人 Emmanuelle Farey 女士所言，这些藏品属于不能流通的市政府财产。再次，就博物馆的公权力而言，主要体现在两个方面：一是积极权力，二是消极权力。前者是指出于对公共利益的需要而单方面做出对第三人产生拘束力的行为，比如对本馆藏品利用规则的制定权；后者是指对公法人自身权益的保护权，比如博物馆藏品不能作为强制执行的标的等。最后，公法人属性决定了公立博物馆在履行其职能的过程中作为被告时，其诉讼管辖权应属于法国行政法院，这一点在行政法院单列的法国司法体系中是非常重要的。当然，并不是说公立博物馆的所有诉讼都属于行政诉讼，当其作为平等民事主体所发生的诉讼，仍属于普通法院管辖。

2. 公共服务的专业性

在法国行政管理体系中，政府服务职能的发挥在许多情况下是通过其所设立或委托的专业机构实施的。其中，在公民所享有的文化遗产权服务领域，公立博物馆则是此类专业的具体实施机构之一。在公物法语境下，这种公共服务机构的专业性往往表现为社会公众对博物馆进行“符合其创设目的的利用”，这种利用在服务对象、内容、方式等多方面都有体现。比如，在服务对象上既包括人也包括物，一方面社会公众是显性的服务对象，另一方面博物馆收藏的藏品以及潜在的藏品也是博物馆的服务对象。服务内容上则表现为向观众提供符合博物馆领域或专业的文化服务，以及通过对藏品的保护和利用，间接为民族文化遗产的安全和传承提供服务。服务方式上既包括通过展览对藏品进行展示，也包括通过社会教育、资料检索、图书档案利用等途径为社会公众创造良好的学习、研究、休闲场所。

3. 藏品的公有性

法国公立博物馆的藏品分别属于国家和设立它的地域性行政单位所有。与中国公有制体系中行政主体仅作为所有权形式主体的身份不同，在法国，建立在财产私有制基础上的所有权体系，决定了国家与地域性行政单位都是独立的财产所有权主体，藏品的实质所有权人和形式所有权人是一致的，藏品的国家所有权与地域性行政单位所有权之间没有必然的权属联系。也就是说，法国公立博物馆藏品的公有性在纵向上包括了国家所有、大区所有、省所有和市镇所有等多种形态。比如吉美博物馆藏品属于法国国家所有，赛努奇博物馆藏品属于巴黎市政府所有，而地中海考古博物馆藏品所有权属于马赛市政府所有，它们之间泾渭分明，互不相属。而从横向关系观察，同属于一个行政主体的藏品则可以在其所属的不同博物馆之间调拨和共享。比如在国家所有的层面，行政主体有权就亚洲艺术品和古希腊、埃及艺术品的收藏在同属于国家的卢浮宫与吉美博物馆之间相互调拨。里昂—高卢罗马博物馆馆长 Hugues Savay－Guerraz 先生就法国公立博物馆藏品所有权主体的多元性和独立性有着如下体会：“同为罗纳省属的两个博物馆之间的藏品借用会比较方便，但省属博物馆与市属博物馆之间的藏品共享就会比较麻烦。”从与私立博物馆之间的对比关系来看，公有和私有之间的界限也是非常明显的，比如在“法国博物馆”的申请程序中，国家所有的博物馆会自动取得“法国博物馆”资格，而地域性行政单位作为公有性质的法人设立的博物馆在授予其“法国博物馆”资格时相对于私立博物馆享有一定的优先权。

二、法国公立博物馆的构成要素

纵观法国公立博物馆的特征，不难发现其作为公立公益机构，包含了“物”与“人”两方面要素。其中，“物”是指博物馆藏品和博物馆建筑、设备等有体物；“人”是指围绕“物”的保护和利用所需的人力资源及其组织机构。博物馆正是在人力和物力的共同作用下发挥其公益性社会服务职能的，如果二者缺一就无法满足社会公众在文化遗产领域的公益性服务需求和促进社会进步和文化传承的专门性目的。作为世界博物馆实践和博物馆学理论的领先地带，法国公立博物馆在“物”与“人”的配置和运行中始终处于不断自我完善的进程中，大致可以从以下几方面窥其端倪：一是对博物馆建筑与设施的保护与利用。二是高效的博物馆藏品管理体系建设。三是人力资源的科学整合和分配。

1. 博物馆建筑与设施的保护与利用

将古建筑改建为博物馆是许多国家在文化遗产保护和利用方面的通行做法，只是在对文化遗产的利用与保护之间如何找到平衡点，则会依据不同国情而有许多不同之处。法国公立博物馆有不少都是在古建筑基础上发展起来的，有些是以前皇室宫廷建筑，有些是宗教设施，还有些是私人公馆，比如卢浮宫、马赛地中海考古博物馆、巴黎历史博物馆等。从实现博物馆基本功能的视角来看，法国公立博物馆在古建筑保护和利用上至少有以下两方面值得关注：第一，在对古建筑的最小干预前提下提高利用率。以巴黎历史博物馆为例。该馆是在两所私人公馆基础上规划改造而成的，共包括十栋相对独立的建筑。博物馆将其中110个房间辟为展厅，这些房间没有拆改建，甚至连有些陈设用品也保留原状，展线遵循了原有房间的自然布局，只是对房间进行了统一的展览编号。展览根据藏品的性质和性能，将油画、模型、牌匾、徽章、雕塑等展品有机地分配在不同时期、不同建筑风格、不同功能的房间里，房间之间虽然看不出明确的风格转换，却也能满足不同主题展示的需要。建筑特征、原状陈列和各种主题展览在同一片区域共存，在提高建筑利用率的同时，非常自然地丰富了博物馆想要传达的信息量。第二，不可移动文化遗产的展品化。以里昂—高卢罗马博物馆为例。该馆是依托古罗马时期修建的大小两座剧场遗址而建的。在馆舍设计建设时，因地制宜地将遗址对面民居的下方坡地作为博物馆的主体建筑所在地，将新建建筑巧妙隐藏在遗址周边环境中的绿化带中，并且在位于地下展厅面向遗址一侧开辟了两个玻璃窗，透过玻璃窗，不仅能使自然光直达地下展厅，而且使展厅里的观众一目了然地欣赏两座剧场遗址的全貌。这种设计理念突破了传统思维，将观众和展品的位置进行了互换，在这里，与其说是观众透过玻璃窗欣赏展品，倒不如说是展品在户外端详玻璃展柜内的观众，无言的互动中彰显出浓厚的历史气息和安详的参观氛围。

2. 高效的博物馆藏品管理体系建设

与博物馆建筑相比，拥有一定数量的、自成体系的藏品对于一个博物馆来说更是不可或缺的。纵观法国公立博物馆的藏品体系可以看出，博物馆在选择藏品时，更加注重藏品的专题性和系统性。无论是像巴黎历史博物馆这样的历史类综合性博物馆，还是像卢浮宫、吉美亚洲艺术博物馆、奥赛博物馆这样以艺术品收藏见长的博物馆，其藏品系统都具有明显的专题性特征。究其原因，似乎与两个方面有关：一是藏品原始积累的传统，二是行政主体对藏品资源的整合。比如赛努奇博物馆的藏品体系是在意大利人赛努奇私人收藏的基础上建立并丰富起来的，在其 13000 件藏品中，主要以东亚地区中国和日本的艺术品居多。这也是其以中国历代艺术品展览为基本陈列，而以日本等其他亚洲国家和地区的艺术品展览为临时展览的展览体系的藏品基础。这种以亚洲艺术品为主的藏品体系，正是在原有的传统私人收藏基础上逐渐发展形成的。同样以收藏亚洲艺术品为特色的吉美亚洲艺术博物馆，其藏品体系的建立则是建立在行政主体对藏品资源整合的基础上的。“二战”结束后的 1945 年，法国政府重新整合博物馆藏品资源，将卢浮宫亚洲藏品部的藏品划拨给吉美博物馆，同时将吉美博物馆收藏的希腊、埃及等藏品划拨给卢浮宫，从而形成了现有藏品体系。笔者认为，无论是哪种原因使得法国公立博物馆形成了专题性更强、系统性更明显的藏品体系，其优势还是比较明显的。首先是在政府全面规划的基础上，摒弃了小而全的收藏体系，提高了各个博物馆的工作效率，从而提高了某一地区博物馆集群的总体社会效益。其次是使分散的智力资源得到整合和集中，有利于对专题藏品的针对性收藏、保存和研究。再次是避免了在博物馆收藏藏品过程中的内部竞争，有利于博物馆群整体藏品数量的增加。

3. 人力资源的科学整合和分配

在具备良好的“物”之基础的前提下，只有在配置了合理的“人”的智力资源之后才能更好地揭示“物”的存在价值和实现博物馆的社会价值。从公物管理模式的角度观察，法国公立博物馆在智力资源分配上，明显表现出行政化和专业化协作共存的特征，具体体现在两个方面：一是政府智力资源对博物馆行政事务的代位处理；二是博物馆业务智力资源的专业化和准入制。

在法国不同等级的政府管理部门中，一般都设有专门管理博物馆事务的行政机构，比如国家文化部、地方政府文化行政部门中的博物馆管理处（局）等。这些行政管理机构对自己所属的博物馆所必需的行政事务统一实施代位处理权，即对涉及其所属博物馆以民事主体资格与其他民事主体之间的权利义务关系的设立、履行、救济等事务时，博物馆可以自己解决，也可以由行政机构代位处理，以便博物馆将有限的智力资源集中于业务工作。比如巴黎小皇宫博物馆的司法、公关事务即是由上级部门统一承担。不仅如此，即使是在博物馆的物业管理方面，上级行政部门有时也会作为民事主体直接参与进来，比如赛努奇博物馆的建筑设施维修和改建项目也是交由上级主管部门的行政机构统一处理的。与此同时，不同性质的博物馆、科技等行业协会或志愿者团体也会作为博物馆智力资源的一部分在博物馆管理和服务中发挥作用。

当行政部门主动承担起博物馆的许多行政性事务时，博物馆的主要智力资源也会更加集中地投入到藏品保护、研究，以及公众接待、文化传播、社会教育等专业性公益活动中。为了保证博物馆各项职能的正确行使，相关法律也规定了博物馆业务人员的准入机制。比如《法国博物馆法》第六条款规定：“法国博物馆的科学活动须由具有根据国务院法令规定资质的专业人员完成。”第七条款第二项规定：“每个法国博物馆均应设置专门负责公众接待、传播、集体活动组织以及文化解说的服务处。这些服务需由具有资质的专业人员提供。在特定条件下，该服务处可由多家博物馆共同使用。”实践中，专业人员的资质具有社会化特征，这一点有别于常见的由行业性机构统一考核并进行资质授予的方式。比如获得某些大学的学历或学位后，即可取得博物馆某些岗位的资质。再比如文物修复师也往往是市场主体中取得相应资质的人，而不是博物馆内部工作人员。这或许也是为什么在有些博物馆虽然工作人员不多，但效率很高的原因之一。

三、法国公立博物馆的公产管理权体系

在法国公产管理权体系中，博物馆管理权是一种具体的公立公益机构管理权，可以将其概括为权利（力）主体为实现博物馆的专门性公共服务目的，依据法律法规的规定，享有的相关管理权。在博物馆的公产管理法律关系中，存在着三方主体，即行政主体、作为公务法人的博物馆法人以及使用人，相互之间的关系体现为行政主体对博物馆业务活动的监督管理权和博物馆法人对使用人的自主管理权，前者可称之为博物馆的外部管理权，后者可称之为博物馆的内部管理权。在权利（力）来源上，博物馆的外部管理权主要来源于法律授权以及行政主体对博物馆拥有的财产权，而博物馆的内部管理权主要来源于法

律和行政主体的授权。

1. **外部管理权**

在法国，设立博物馆的行政主体对博物馆进行管理基于两个基本前提：一是公共利益代理人的身份；二是博物馆财产所有人的身份。公共利益代理人的身份要求其对公共文化资源进行管理和监督，以满足社会公众的特定需求；财产所有人身份为这种管理和监督权的落地实施提供了私法上的保障。具体来说，行政主体对博物馆的外部管理权主要体现在以下三方面。

第一，对博物馆财产的调配权。如前所述，法国博物馆藏品所有权人属于国家和各级地域性行政主体，在一级政府所辖区域，以博物馆地区发展的合理规划为前提，进而对博物馆之间的藏品进行调配，是法国博物馆藏品宏观管理中的一大特色。需要指出的是，这种调配并不会动摇具体博物馆自身稳定的藏品体系。这是因为：首先，藏品调配一般发生于博物馆设立或整合期间，并且是与确立博物馆的建馆宗旨和发展方向同时进行的。比如法国中央政府对卢浮宫和吉美亚洲艺术博物馆藏品之间的规划和调拨。其次，所有权所包含的占有、使用、收益、处置权能的独立性是保证博物馆自身藏品体系稳定的法理基础。虽然每一家博物馆法人都不是藏品的所有权人，但是，就物权关系而言，仍然享有这些藏品的占有、使用、部分收益等他物权权利，并且这种物权权利是受到法律保护的，这就从法律上保证了博物馆藏品体系的稳定性。事实上，就每一座独立的博物馆来说，其藏品数量和种类几乎都是明确的，即使是存放于本馆之外的藏品，也仍然不会改变藏品的实际隶属关系。最后，在明确区分公产和私产的法国行政法上，藏品属于公产范畴，确切地说，应该属于公众用公产，而非公务用公产。因此，公务性权力在这里得到弱化，而公众利益的考量得到增强，正因为如此，行政机关的藏品调配权才不能任意行使，而是要尊重于藏品安全以及直接为公众提供服务的博物馆业务活动的需求。

第二，对博物馆使用和运行的监督权。法国行政主体对博物馆使用和运行中的监督权至少体现在两个方面：一是对藏品管理工作的监督。在笔者的实地考察学习中，几乎所接触的每一家博物馆都在做同一件事情，即都在对本馆藏品进行十年一次的清点普查。而行政机构对这项工作进行监督管理的法律依据则是源自于《法国博物馆法》第十二条款的规定。二是对博物馆规划的审查权。据巴黎历史博物馆馆长 Valérie Guillaume 女士介绍，该馆所做的 2018 年以前的博物馆发展规划，需要经过巴黎市政府批准，并且根据规划种类和内容的不同，有些规划还需要经法国博物馆高层委员会提出建议。

第三，对博物馆法人组织机构的调整权。在福利型社会发展阶段，行政主体担负的公共服务职能需要通过公营造物来实现，而公营造物的组织机构则会根据不同的社会制度有所不同。就法国公立博物馆的法人组织机构而言，在行政公共服务职能的承担上，博物馆实际上是设立它的行政主体服务职能的延伸，而博物馆工作人员的公务员身份便是这种服务职能延伸的直观体现。将博物馆法人组织机构中的工作人员纳入公务员体系管理，意味着设立公立博物馆的行政主体对博物馆拥有法人组织机构的决定权显然是不言而喻的。

2. 内部管理权

虽然公立博物馆的法人组织机构对博物馆进行内部管理的

权利（力）性质并不像外部管理权那样具有浓厚的公权力色彩，但仍然表现出公权和私权兼备的特征，这种权利（力）类型也被有些公物法学者称之为“概括性权能”。实践中，法国公立博物馆法人的内部管理权范围和内容相当丰富，笔者仅就实际观察的博物馆案例加以简单概括。

第一，博物馆利用规则的制定权。公众对博物馆进行符合博物馆设立本来目的的利用是博物馆存在的社会价值的直接体现。虽然公众对博物馆的利用是宪法所规定的基本文化权的实现方式，但是鉴于对平等主体之间文化权的相互尊重，以及藏品保护等专业性因素的限制，观众对博物馆的利用也应该得到合理规制。事实上，博物馆对观众的这种利用规制权在所有博物馆中都广泛存在，只是在具体执行中存在着内容和方式上的差异。就法国公立博物馆而言，其利用规则的制定权兼具法定性和自主性特点。一方面，这种制定权需要在法律规定的范围内行使。比如《法国博物馆法》第七条款规定：“法国博物馆准入条件的制定应当利于更多民众参观。小于 18 岁的未成年人参观公立博物馆不需购票，可参观常规展品陈列区。”另一方面，在法律规定的公产利用原则范围内，博物馆拥有制定观众利用规则的合理性自主权。比如观众参观时对展品的拍照、录像等行为的规定，在卢浮宫是被允许的，而奥赛博物馆则是禁止的。再比如吉美亚洲艺术博物馆的库房藏品对专业研究人员是开放的，而对普通观众则是禁止的。

第二，博物馆资源和设施的维持权。严格地说，博物馆法人组织机构对博物馆资源和设施的维持权既是权利也是义务。在权利内容上，不仅包括对藏品、建筑及其他硬件设施的物业管理和日常维护，而且也包括对展览等专业服务形式的设计、制作等领域。从某种意义上来说，博物馆资源和设施的维持权其实也是博物馆作为永久性收藏机构的应有之意。正因为以藏品为主的法国公立博物馆的财产在法律性质上属于行政公产，因而不具有行政私产的可融通性、时效性等特点，也就导致这些财产一旦进入博物馆领域则必须永久性保持其公产身份的法律强制，中国象棋中过河卒子不能后退的行棋规则或许可以作为这一特点的诙谐写照。作为博物馆资源和设施的直接管理人，博物馆法人组织机构对其加以维护，以使其始终处于可利用状态的权利显然是必要和可行的。当然，博物馆法人组织机构的这种维持权是通过具体的管理行为来实现的，比如巴黎历史博物馆对该馆的中期改造规划，里昂汇流博物馆的新馆建设以及新旧馆隶属关系之间的衔接等。

第三，收益权和家宅权。在公营造物的利用方式中，公益性公共服务并不全是免费的，并且从协调有限博物馆资源与庞大社会公众需求之间的矛盾关系来看，也不应该都是免费的，而法国公立博物馆在运行管理中的有偿利用在权利义务关系语境下则表现为博物馆法人的收益权。博物馆的收益权既可以在一般公产利用中行使，比如卢浮宫、奥赛博物馆等收取门票的行为；也可以在特殊公产利用中行使，比如赛努奇博物馆在闭馆期间有偿出租场地举办新闻发布会的行为。需要特别指出的是，法国公立博物馆对馆内资源的有偿利用行为并不等同于经营行为，前者属于公产的特别许可使用性质，后者属于市场行为性质；前者属于公法利用，后者属于私法利用。

正如同在社会关系治理中的立法和司法的关系一样，要保持良好的博物馆利用秩序，仅靠制定合理的利用规则是不够的，还需要博物馆法人组织机构拥有一定的家宅权。在公营造物管理权体系中，家宅权属于着眼于防御性的权利。比如奥赛博物馆对进馆观众的安全检查，不仅不能被视为对人身权的侵犯，而且还应该被解读为是家宅权的必要行使。

3. 内部管理权的外部化

如上所述，在博物馆组成要素中，藏品作为行政主体所有的财产，在法国物权法上当属行政公产之列。设立博物馆的行政主体（包括国家、行政大区、省和市镇），基于对这些财产享有的所有权，而参与到公共营造物的内部管理中。换句话说，在法国公立博物馆的内部管理权的实施中，有着显著的外部管理权主体的影子，而呈现出一种内部管理权外部化的特征。

一般来说，博物馆对藏品的占有是对藏品进行管理的应有之意，然而，无论是巴黎、马赛，还是里昂，设立博物馆的行政主体都在其所属的博物馆之外，单独设置了直属于行政主体直接管理的藏品集中管理库房和管理机构。比如巴黎市政府设立的藏品库房收藏有 14 家市属博物馆的藏品；马赛市政府的藏品库房收藏有 8 家市属博物馆的藏品；罗纳省政府管理的藏品库房收藏有里昂 2 家博物馆的藏品。在这些藏品的账册管理中，除了藏品库房的藏品账目之外，每一家博物馆又都有自己的藏品账目。这样既保证了对库房的统一管理，又区分了藏品在使用权隶属上的不同。站在具体博物馆的角度观察，同一行政主体设立的不同博物馆大多都有两个藏品库房，其中一个在本馆内，另一个就是上级行政部门直管的藏品库。仔细审视行政主体与这种藏品库房的物权关系发现，正是因为其作为藏品所有权主体的身份，使其在对藏品的管理中有完全自主权，行政主体对所属博物馆藏品集中管理的行为，恰恰是其对藏品享有的所有权权能中占有权和处置权的直观体现，而这种私法物权在公法物权中的体现，也与德国行政法学界所流行的公物法学说中修正私有所有权理论要旨相得益彰。由此也可以隐约体会到，同为大陆法系的法德两国虽然在公物法理论体系的框架构建中差异巨大，但都衣钵于罗马法的学术源流。除了藏品管理之外，法国公立博物馆的内部管理权的外部化还体现在诸如机构设置、物业管理、展览交流等领域。

总之，公立博物馆作为博物馆的一种主要类型，对其进行纵向观察分析和横向比较研究在博物馆学理论和实务层面均具有一定的必要性。法国作为国际博物馆协会总部所在地，其在公立博物馆领域的实践探索和理论构建，以及博物馆法治化方面既具有深厚的历史基础，也有合理的前瞻性，尤其在公立博物馆公法人地位、藏品所有权、行政主体与博物馆之间的公产管理权划分等方面都与我国存在不同。尽管这种不同是因为不同的社会基本制度使然，仍然在博物馆基本理念和法制建设领域不乏可资借鉴之处。

附论 2：

关于刑事涉案馆藏文物追索问题的公物法思考

据媒体报道，2015 年 7 月，广州某图书馆馆长因调包并转让馆藏文物涉嫌贪污案在当地法院开庭审理，在令人唏嘘之余，由此引发的已拍卖馆藏文物的追索问题也成为学界讨论的热点。这里就相关问题从公物法的视角稍作实定法和学理层面上的分析。

首先，买受人通过拍卖取得文物所有权是否属于善意取得。

善意取得制度是《物权法》为了保护交易安全，而在所有权的动态利益和静态利益之间所做的适应市场经济模式的制度安排。其中，赃物是否可以作为善意取得标的，《物权法》并没有明确规定，学术上也存在争议。就本案所涉拍卖法律关系来看，一方面，委托人（被告人萧某）明知拍卖标的为赃物仍委托拍卖，其主观上显然是恶意的，拍卖人的主观恶意或善意取决于其是否依法履行了法律规定的相关义务，而买受人只要不存在主观过错，且依法履行了相应竞买手续即应该认为主观上是善意的。同时，交易法律关系主体之间是相互独立的，委托人和拍卖人的主观恶意并不能否定买受人的主观善意。另一方面，就拍卖标的来看，《物权法》中“善意取得标的应该是依法可以交易的物”是基于物之可交易特性而言的，比如毒品即使不是赃物也不可以交易，而符合法定条件的文物是可以依法交易的。退一步说，即使因本案标的属于赃物不可以交易，买受人也没有对标的来源进行调查的义务，只要买受人主观上不存在过错，就应该保证买受人的信赖利益。因此，笔者认为，买受人通过拍卖取得作为赃物的文物的所有权既符合《物权法》第 106 条关于善意取得的法定要件，也符合《文物保护法》第 50 条关于民间收藏文物取得方式的法定要件。

其次，买受人取得的馆藏文物属于公物。

简单地说，公物是指主要受行政法调整的公用物和共用物，不同于主要受民法调整的公有物，属于行政法上的物的范畴。公物作为物的手段，与公务员作为人的手段共同发挥着行政管理和公共服务的职能。《文物保护法》之所以将文物区分为民间收藏文物与馆藏文物，正是因为前者属于私物，而后者属于公物。比如，同是齐白石的画作，当它作为国有文物商店的商品或国有企业收藏品时，它只是国有文物，体现出民法意义上财产的特性，在性质上属于国有资产或财政财产；当依法经过博物馆收藏程序而成为馆藏文物后，主要体现的是文物作为见证物的文化属性，是行政主体提供公共文化服务的物质载体，也即公务用物或公共用物。就馆藏文物与民间收藏文物的转换关系而言，一件文物只有通过公物命名程序才能由私物转变为公物，如入藏登记、建账、备案；也只有通过撤销公物命名的程序或公物本体灭失才会在法律上失去公物身份，如申请退出馆藏的行政许可，除此之外，即使馆藏文物离开了公物管理人的实际控制，也不能使其公物身份自然消失。也就是说，虽然买受人取得了文物所有权，但该文物的属性不同于普通民间收藏文物，仍然属于馆藏文物范畴，即法律意义上的公物。

再次，善意取得馆藏文物的物权结构既包括私权，也包括公权。

在公物法视野下，馆藏文物的物权结构既包括了买受人的所有权，也包括了行政主体的公物管理权，前者属于民法上的权利，后者属于行政法上的权力，并且私法所有权基于公物所承担的公共利益的目的而受到公物管理权的限制。需要说明的是，馆藏文物的公物管理权并不属于《物权法》第108条“善意受让人取得动产后，该动产上的原有权利消灭”规则所指称的“权利”。这是因为：其一，从字面上理解，“动产上的原有权利”仅限于私法层面，不应该包括公法层面上的“权力”。其二，公物管理权源自于行政许可或行政确认的公物命名行为，而不是受让于所有权，买受人善意取得馆藏文物所有权只是改变了馆藏文物的所有权归属，并不能当然消灭公物管理权。其三，虽然任何馆藏文物都是所有权客体，但作为以提供公用为本来目的的公物，并不仅限于国有文物，也包括集体所有和私人所有的文物，只是存在自有公物与他有公物的差异，也就是说，公物管理权可以与不同类型的馆藏文物所有权共存，这也是平等对待不同所有制博物馆的所有权理论前提。

最后，买受人负有恢复馆藏文物公物状态的义务。

由于馆藏文物的公物属性并没有随着买受人善意取得而消失，因此，买受人负有恢复馆藏文物至原有公物状态的义务，而不能以所有权的自愿行使为由拒绝返还。当然，买受人返还馆藏文物，并不是必然转移文物所有权，而是恢复馆藏文物的公物状态，是否转移以及如何转移所有权，当事人有权依据民法规则进行选择。在不转移所有权而返还馆藏文物的情形下，买受人虽然脱离了对物的占有，但仍然享有所有权，在不危及馆藏文物公物状态范围内，可以依法行使所有权，比如依法通过动产的指示交付进行转让。与此同时，公物管理权人取得的也不是馆藏文物所有权，甚至在买受人没有明确转让占有权能的情况下，也仅是取得《物权法》所指的占有状态。需要强调的是，公物管理权人向买受人主张返还馆藏文物的权力属于公权，在法律关系上属于行政法律关系范畴，与之相关的诉讼也应该适用行政诉讼法的相关规定。

总之，物权法意义上的所有权是平等的，无论是国家所有权还是私人所有权，只要其取得方式合法有效，就应该受到物权法的平等保护。但是，馆藏文物与民间收藏文物的根本区别并不在于所有权主体不同，而主要的是因为二者的法律属性迥然有别，即前者属于公物，后者属于私物。只要馆藏文物没有经法定程序取消公物属性，代表和服务于公共利益的公物管理权就始终存在，即使买受人合法取得馆藏文物所有权，也只是改变了馆藏文物的所有权归属，并没有、也不可能在物的属性上使馆藏文物转变为民间收藏文物。因此，受到馆藏文物的公物属性以及公物管理权的影响，买受人负有将其善意取得的馆藏文物返还的义务，同时，在保障公用本来目的基础上，其所有权权能可以依法行使。

附论 3：

博物馆馆藏书画复制品的著作权

博物馆对馆藏书画类文物进行复制，是博物馆业务工作中的一项重要内容。可以说，对馆藏文物的复制，既是文物保护的需要，也是对文物进行合理利用的有效方式。在这项工作中，博物馆往往会投入大量人力、物力、财力，针对馆藏书画开展遴选、研究、摄录、制作等活动。然而，经过辛勤工作和努力研究取得的智力成果却经常会因为知识产权保护的不完整而受到侵权威胁。诚然，馆藏书画复制品的商业秘密权、商标权、专利权等权利可以通过反不正当竞争法、商标法等工业产权法律规范对其进行保护。但是，司法实践中，馆藏书画复制品的知识产权保护仅仅限于工业产权领域是远远不够的。作为知识产权保护的重要方面，著作权保护也应该在包括馆藏书画在内的文物复制中得到贯彻和体现。如果馆藏书画复制品得不到著作权法的合理保护，不仅会直接影响到博物馆在文物复制工作中的正常投入和相关业务的开展，同时也会间接影响到社会公众对馆藏书画复制品的文化消费需求。事实上，无论在法学界还是文博界，围绕馆藏书画类文物的复制品是否享有著作权的问题，仍然存在不同的看法。其中，否定意见认为，馆藏书画复制品是对作品的复制，不是复制主体的智力创作，不具备著作权法对作品独创性的要求，因此不享有著作权。作者对此持有不同看法，试分析如下。

一、馆藏书画在法律层面上表现出双重属性

1. 馆藏书画是著作权法意义上的作品

馆藏书画是作者在文学、艺术等方面的创作，体现着作者的创作思想和艺术灵感。这一点与著作权法所强调的作品的独创性毫无二致。虽然随着时间的推移和辗转流传，绝大部分书画藏品在色彩、品相上发生了很大变化，致使其外在形象与作者创作时要表达的意境有或多或少的差异，也不能否定它是作者创作思想的智力成果。根据《中华人民共和国著作权法实施条例》第二条给作品所下的定义，[①] 馆藏书画作品显然是作者智力成果的载体，符合著作权法意义上的作品要素。

从作品著作权保护的角度来说，馆藏书画存在着两种情形：一是尚处于著作权保护期内的作品，二是进入公共领域的作品。对于尚处于著作权保护期内的作品，其著作权的享有和行使需要遵守博物馆与著作权人之间的约定。对于进入公共领域的作品，除著作权中的人身权依然受到一定保护之外，其财产权不受保护。这里仅就已经进入公共领域的馆藏书画的复制品是否享有著作权问题进行分析和探讨。

---

① 《中华人民共和国著作权法实施条例》第二条规定："著作权法所称作品，是指文学、艺术和科学领域内具有独创性并能以某种有形形式复制的智力成果。"

2. 馆藏书画是文物保护法意义上的文物

根据《中华人民共和国文物保护法》第四章对馆藏文物的规定和该法的立法精神，可以将馆藏文物的定义概括为："博物馆、图书馆和其他文物收藏单位收藏的可移动文物。"作为历史文化见证的载体，馆藏书画也是博物馆馆藏文物的一部分，是指博物馆、图书馆和其他文物收藏单位收藏的书画类可移动文物。

文物是具有历史、艺术、科学价值的历史文化遗存。馆藏书画作为文物，其所体现的文物价值并不仅仅局限于作者的创作思想和艺术灵感，还体现在它蕴含着丰富的历史文化信息。从博物馆业务工作中的文物管理角度来看，这些信息大致可以划分为结构性信息、功能性信息、联系性信息和记录性信息。结构性信息是指文物的造型、装饰等物理属性；功能性信息是指文物的功能和用途；联系性信息是指与文物有关的人和事；记录性信息是指文物所反映的某一历史时期的时代特征，以及不同历史时期之间的传承与发展关系。由此可见，书画作品与书画文物的区别不仅体现在概念上，更体现在其所蕴含的历史文化信息上。作为文物的书画与作为纯作品的非文物书画在文化内涵上有着很大差异，这也是馆藏书画的文物属性与其作品属性之间最大的不同之处。

馆藏书画作为作品时，强调的是其作为作者创作思想载体的性质；当其作为文物时，强调的是其作为历史文化信息载体的属性，二者之间有着根本的区别。不同文物从不同的侧面反映了一定历史时期人类的社会活动、社会关系、意识形态以及利用自然、改造自然的状况，是人类宝贵的历史文化遗产。比如，一件明代画家的作品，在几百年的历史流传中，可能被不同收藏家收藏，也可能被欣赏者或研究者题跋，还可能装裱材质已经发生了变化等等。当这件作品流传到现在时，它的文化价值已经大大超越了作者绘画时所表现的创作思想和艺术灵感，而成为承载着大量历史文化信息的历史文物了。

二、馆藏书画复制的实质是对“文物”的复制

著作权法意义上的作品复制是指“以印刷、复印、拓印、录音、录像、翻录、翻拍等方式将作品制作一份或者多份”的活动。而文物保护法意义上的文物复制是指“依照文物的体量、形制、纹饰、质地等，基本采用原制作工艺复制与原文物相同的制品的活动”。[①] 就馆藏书画的复制而言，是指依照馆藏书画的体量、色彩、材料、质地等物理性状，采用一定的制作工艺，复制与该书画相同的制品的活动。由此可见，馆藏书画复制强调的是对书画作为物而进行复制，而非针对馆藏书画所表现的作者的创作思想进行复制。复制文物的目的是最大限度地反映物的全貌，并通过复制品的外在表现形式反映其所蕴含的历史文化信息。具体来说，两种复制之间的不同主要可以从以下几方面来理解。

首先，两者的法律性质不同。《文物复制拓印管理办法》第八条规定：“复制、拓印文物，应当依法履行审批手续。”比如完备的报批文件、复制合同草案、不同的复制目的和用途需经过相应级别文物行政部门批准等等。可见，就文物复制的程序

① 《文物复制拓印管理办法》第三条。

而言，只有具备一定条件的文物收藏单位经过法定申请程序，取得文物行政主管部门的批准，才能对文物进行复制，这种行为在法律关系层面上应当属于依法申请的行政许可行为。而在作品复制中，并没有规定严格的法律程序，只要在不侵犯著作权人合法权益的前提下，任何民事主体都可以依照自己的程序、方法对作品进行复制，在法律关系层面上属于民事行为。

其次，两者的主体要件不同。有关法律规范对文物复制的主体是有着严格要求的，只有具备一定条件的文物收藏主体才可以对文物进行复制，除此之外的其他法律主体均不能享有对馆藏书画文物的复制权。《中华人民共和国文物保护法实施条例》第三十三条规定："从事馆藏文物修复、复制、拓印的单位，应当具备下列条件：有取得中级以上文物博物专业技术职务的人员；有从事馆藏文物修复、复制、拓印所需的场所和技术设备；法律、行政法规规定的其他条件。"《文物复制拓印管理办法》第七条规定："从事文物复制、拓印的单位，应当依法取得相应的资质证书。"只有符合这些条件的主体才有资格进行文物复制，而这些条件对馆藏书画的复制主体来说也同样适用。而在著作权法意义上的作品复制中，显然没有这种对复制主体资格的专门规定。

第三，复制对象不同。文物复制的对象是作为历史文化信息载体的有形"物"，该"物"的法律属性符合物权法意义上的"物"的特质，具有客观存在性和有形性等物理特征，同时也具有不再生性的文化特征。在文物复制过程中，并不要求对复制对象的表面完整性进行补充，而是要严格遵循文物的原貌进行复制。比如将一幅书画文物作为"物"来看待时，除了它的构图、色彩、笔触等艺术信息外，质地、颜料等的物理和化学属性也都是复制该“物”的重要内容。与文物的复制不同，作品复制往往是将复制对象作为著作权法意义上的作品来对待的，被复制的对象是他人的智力成果。作品的外在表现形式仅仅是作者主观智力成果的载体，并不是复制的对象。

第四，表现内容不同。文物复制所要表现的内容是文物所蕴含的历史文化信息，是文物所具有的历史、艺术、科学价值，这既是文物复制的出发点，也是文物复制所追求的最高境界。比如，把一件书画文物的残缺性复制到位，将会有效地诠释该复制对象所蕴含的文化信息，也更能如实地表现它的历史厚重感。作品复制要表现的内容是作者的创作思想和艺术风格。每一幅书画作品都是作者对客观世界感悟的艺术体现，复制作品的目的也在于将作者的这种艺术体现模仿出来。很显然，就表现内容而言，两者的区别也是非常明显的。

最后，工艺技术不同。文物复制对工艺的要求是非常严格的。在保护文物安全的前提下，对一件文物采用哪种材料、哪种工艺、哪些技术来复制最能接近原物的工艺，是文物复制中最为复杂、最为专业的环节。在文物复制中，并不是越先进的制作材料和工艺是最合适的，恰恰相反，先进的高科技手段也许对文物复制中的某些中间环节有很大帮助，但从复制工作的整体性来看，只有最接近原物的制作工艺和技术手段才是最科学、最合适的。这一点，书画类文物也概莫能外。而著作权法对作品的复制并没有类似规定和要求。

三、馆藏书画复制品具备著作权法意义上的作品要件

《中华人民共和国著作权法实施条例》第二条规定：“著作

权法所称作品，是指文学、艺术和科学领域内具有独创性并能以某种有形形式复制的智力成果。”由此可见，著作权法意义上的作品主要应当具备两方面要件，即独创性、有形性。毫无疑问，馆藏书画的复制品完全符合上述要求。

1. 馆藏书画复制的过程是一个研究、创作过程

馆藏书画复制的过程实际上是一个系统的、具有学术性和专业性的智力创作过程，大致可分为两个阶段，即研究认识阶段和创作表现阶段。

任何文物复制都是建立在对复制对象研究、认识基础之上的，离开了对文物本体的认识和研究，文物复制也就成了无源之水，无本之木，书画文物复制也不例外。一方面，虽然对非文物书画作品的复制也需要一个认识和研究过程，但是这种认识的范围和程度都与对馆藏书画文物信息的挖掘、研究、认识有着根本不同。即对非文物书画的认识仅仅需要了解复制对象的构图特点、色彩搭配等艺术信息，而后者的研究和认识实际上是对文物的历史文化信息进行挖掘、解读的过程，这种挖掘和解读并不仅仅限于作品的艺术领域，而是更加注重于复制对象的文物价值。以上世纪 70 年代湖南长沙马王堆出土的几件帛画的复制为例。这批帛画的构图色彩极具特色，艺术气息浓厚，材质做工异常精细，制作质量十分精美。在作品复制中，只要对帛画所表现的内容和艺术风格有了合理的释读和认识，就可以完成对作品的复制。然而对于文物复制而言，除了对复制对象的构图特点、色彩搭配等艺术信息进行研究和认识之外，更重要的是对帛画的材质、技法、颜料等内容的认识和研究。众所周知，虽然经过许多专家多年研究和试验，时至今日仍然没

有在材质和工艺方面取得令人满意的复制成果。显然，这种研究范围和程度已经远远超过了著作权法意义上对作品理解的含义，而充分体现了对文物认识的复杂性和文物复制过程的创造性。另一方面，对文物的认识、研究过程是一个主观见之于客观的过程。不同的认识主体受自身不同知识体系、研究角度、掌握资料的差异等限制，往往对同一个复制对象所蕴含的历史文化信息的解读存在一定差异。比如，北宋张择端的《清明上河图》在几家博物馆存有不同版本，如果对这几幅藏品的年代认识不准确，则会在文物复制中，对作品的原创艺术性、材质的相似性等文物信息的体现上造成间接影响。

文物复制借用“复制”的提法是针对原物而言的，从文物复制的制作阶段所具有的专业性、知识性、主观性来看，文物复制实际上是对作品的创作表现过程。在这个创作过程中，复制对象在某种意义上是作为文物复制的创作素材出现的。就馆藏书画文物复制而言，创作过程所体现的重点在于“物”的文化内涵的相似性，而非“作品”的艺术相似性。具体体现在以下几方面：首先，馆藏书画所表现的内容不仅体现着作品的艺术价值，而且也是文物历史文化信息的重要体现。毫无疑问，无论是作品复制还是文物复制，书画所表现的艺术价值始终是复制的重要内容。其次，馆藏书画所使用颜料、载体等材质属性是历史文化信息的重要体现，文物复制主体在复制馆藏书画时需要根据原作所处年代特点制作和使用。再次，表现馆藏文物完残情况时，要求复制主体在科学研究的前提下尊重于原物现状。最后，馆藏书画的复制工艺除了对内容复制采用临摹、摄影等技术外，对书画载体物理属性的复制工艺也应该接近原有工艺。

无论是对复制对象文化信息的认识、解读、研究，还是对复制品的创作、表现，都是学术研究行为。一方面，就研究方法来说，在文物复制中，既有传统的考古类型学、博物馆学、历史学、文物学等研究方法，也有材料学、美学、生物学、化学等现代科技方法。比如，在对书画文物的年代认定中，离不开文物鉴定中常用的类型学分析方法；在对书画质地进行研究时，也会对材料进行必要的化学试验和分析。另一方面，在外在表现形式（研究成果的表现载体）上，文物复制品与考古报告、研究论文等学术研究载体具有相同的属性，即都是研究成果的载体和直接体现。所不同的是，考古报告、研究论文多以文字作品形式表现出来，而文物复制品则是用更加直观的形式来表达作者的智力成果。

2. 馆藏书画复制品属于工艺美术品

根据《中华人民共和国著作权法实施条例》的规定，著作权法意义上的作品的外在表现形式包括十三种，分别是：文字作品、口述作品、音乐作品、戏剧作品、曲艺作品、舞蹈作品、杂技艺术作品、美术作品、建筑作品、摄影作品、电影作品和以类似摄制电影的方法创作的作品、图形作品、模型作品。其中美术作品按照目的又可以分为纯美术作品和工艺美术品。不可否认，单从作品的外在表现形式而言，馆藏书画复制品与复制对象一样，强调作品的构图、色彩、色相、色调、色度、色性、笔触等艺术表现力，符合纯美术作品的特征。然而，究其创作内容和过程，笔者认为，将馆藏书画复制品归类于后者较为合适。

工艺美术品也称工艺品，是以美术技巧制成的各种与实用相结合并有欣赏价值的物品。[①] 首先，从创作内容上看，馆藏书画复制品所体现的复制主体的主观思想表达主要着眼点在于对“文化信息”的诠释，而非对“艺术”的诠释。馆藏书画复制品不仅是对原物艺术性的表现，更是对原物物理性的表现。其次，从用途上看，《文物复制拓印管理办法》对文物复制用途大致可以概括为：陈列展览、科学研究、销售，这显然与纯美术作品的开放性用途有所不同。最后，从制作工艺来看，馆藏书画复制品既有传统绘画、书法等纯美术技艺，也有摄影、裁剪、装裱等纯工艺方法。

由此可见，文物保护法意义上的复制完全不同于著作权法意义上的复制，馆藏书画复制品也完全不同于非文物书画作品的复制品。也就是说，馆藏书画复制品不仅具备著作权法意义上作品的独创性特征，而且在外在表现形式上也符合相关法律规范的要求，应当享有著作权。

四、馆藏书画复制品著作权的特征

如上所述，馆藏书画复制品是对复制对象所蕴含的历史文化信息的解读和呈现，基于有效保护和合理利用的文物保护法原则。笔者认为，馆藏书画复制品的著作权至少具有以下两方面特征。

第一，署名权既是权利，也是义务。作品的署名权作为著作权中人身权的重要内容，是作者的基本权利之一。与之不同的是，在文物复制中，作品的署名权既是权利，更是义务。作

---

① 百度百科：工艺美术品，http：//baike. baidu. com/view/2233376. htm

为权利，署名权是著作权中人身权的重要内容。作为义务，主要基于两方面的因素：一是对复制品署名是该作品享有著作权的直接体现，以区别于其他复制品；二是对复制品进行署名是为了将复制品与复制对象相区别，以体现作品与创作元素之间的不同，也是保护文物的需要。在一些规范性文件中，也有对文物复制品署名的明确规定。比如《北京市珍贵文物复制管理办法》第六条规定："在珍贵文物复制品上，须标明复制业务经营者和监制单位的名称、复制品编号，并附具珍贵文物名称、时代、出土地点和时间、收藏单位以及复制品生产时间、编号等说明。"

第二，著作权客体具有延展性。在馆藏书画复制过程中，经常会产生一些相关智力创作成果，比如创作图片、试验数据、技术图纸、研究报告等等，这些智力创作成果同样应当受到著作权法的保护，并且与馆藏书画复制品形成了具有密切联系的著作权客体群。这些客体之间的紧密联系不仅体现在馆藏书画复制品是基于这些智力创作成果而创作完成的，离开这些智力创作，馆藏书画的复制不可能完成，而且还体现在它们都是基于馆藏书画这一创作素材的智力创作成果。

总之，博物馆馆藏书画是具有丰富历史文化信息的文物，对其进行复制的行为是一种认识文物、研究文物、展示文物价值的行为，其复制品是复制主体对研究对象的智力创作成果。因此，博物馆馆藏书画复制品享有著作权是毋庸置疑的。在日渐成熟的市场经济条件下，明确包括博物馆馆藏书画在内的文物复制行为的学术性和复制品的著作权，对博物馆作为民事主体参与到市场行为中有着积极意义，同时也是对传统的博物馆藏品保护理念的有益拓展。

附论 4：

博物馆文物鉴定的法律效力

文物鉴定是博物馆业务工作中的基础内容之一，博物馆的收藏、研究、展示，都离不开对藏品的文物鉴定。同时，博物馆作为社会文化机构，文物鉴定也是实现其公共服务职能的方式之一。随着文博工作的快速发展，社会各界对文物价值认知程度的不断提高，怎样从法治视角看待博物馆在各类文物鉴定活动中的行为，以及鉴定结论具有怎样的法律效力等问题，日益成为文博工作者需要面对的现实问题。这里试图尝试从法理学角度，对博物馆文物鉴定行为、鉴定效力等问题进行分析。

一、文物鉴定与博物馆文物鉴定

1. 文物鉴定与文物鉴定结论的相对性

文物鉴定，简单地说就是指鉴定主体对鉴定对象进行鉴赏、甄别，进而判定其是否属于文物，以及是什么文物的过程。根据鉴定主体的不同，可以分为自然人鉴定、法人鉴定、其他组织鉴定。根据鉴定对象不同，可以分为器物鉴定、书画鉴定、遗址鉴定等。根据鉴定方法不同，可以分为传统方法鉴定、科学仪器鉴定、综合鉴定等。

文物鉴定不同于文物认定。文物认定是指“文物行政部门将具有历史、艺术、科学价值的文化资源确认为文物的行政行为”。[①] 可以看出，文物认定首先是一种在国家强制力支持下的行政行为，具体来说是一种特殊的行政确认行为。而文物鉴定既可以是行政行为，也可以是民事行为，还可以是司法行为。其次，文物认定的对象是文化资源，而文物鉴定的对象除了文化资源，还可以是其他有形资源。第三，两者法律后果不同，文化资源一经确认为文物，将会必然产生法定权利和义务，而文物鉴定则不然。

文物鉴定结论是指鉴定主体对鉴定对象所做出的其是否属于文物，以及是什么文物的价值判断。概括而言，任何一个具体的文物鉴定行为都属于特定主体对客观事物的主观认识过程，其相应的鉴定结论也是鉴定主体对鉴定对象的主观看法。由于鉴定主体的知识体系、鉴定角度、鉴定方法、鉴定目的、价值取向等种种差异，对于同一件鉴定对象，不同鉴定人的鉴定结论往往也表现出多样性。也就是说，在技术层面上，文物鉴定结论的准确性是相对的，鉴定结论也不是唯一的。相反，如果要求不同鉴定主体对同一个鉴定对象都只有唯一的鉴定结论反而是不现实、不理性的。可以说，文物鉴定结论的这种相对性存在于所有文物鉴定中，即使是经过科学考古程序出土于明确地层的文物也不例外。比如对河南省安阳曹操墓的认识和判定，

① 文化部：《文物认定管理暂行办法》第一条第二款，2009 年 10 月 1 日起施行。

就有着不同的意见和结论。

2. 博物馆文物鉴定的界定及特征

博物馆文物鉴定，即是指依法设立的博物馆作为鉴定主体，利用自身文化资源，通过一定方法和手段，对鉴定对象进行鉴别，并对其是否属于文物，以及是什么文物进行独立判定的过程。博物馆作为专门的文物收藏、研究、保护、展览展示机构，馆藏文物是其存在和发展的基础和前提，而文物鉴定则是博物馆业务工作中离不开的基本要素之一。因此，博物馆文物鉴定也会表现出区别于其他鉴定的一些特征。

（1）鉴定主体是博物馆法人而非自然人

博物馆鉴定的主体是博物馆法人，而非在博物馆具体从事鉴定工作的博物馆工作人员。虽然博物馆鉴定行为中的所有鉴定都是由自然人完成的，但是，在博物馆鉴定中，自然人所从事的具体鉴定工作只是一种履行职务的行为。博物馆工作人员因实施博物馆文物鉴定行为中而产生的法律权利和义务，均应该由博物馆法人承担。比如，博物馆保管员对馆藏文物的鉴定，是出于其工作职责的要求，由该鉴定行为引起的权利和义务均需由博物馆承担，博物馆有责任根据文物保护法等法律规范要求，对各种级别的文物，采取相应的保护措施。

（2）鉴定对象包括馆藏文物和非馆藏文物

博物馆文物鉴定对象的范围具有二元性，即馆藏品和非馆藏品。前者是博物馆所有、占有、使用的文化资源，离开了馆藏品，博物馆也失去了存在的必要和前提。后者是非博物馆所有、占有、使用的有体物，其来源于博物馆外部，既可以是动产，也可以是不动产，这部分鉴定对象的存在与否，并不会对博物馆的存在和发展造成重大影响。

（3）鉴定方法的专业性

博物馆文物鉴定在鉴定方法上具有一定的专业性。这种专业性主要表现在：第一，不同类别的博物馆在文物鉴定领域各自具有自身的专业性。博物馆是基于一定数量、一定体系的馆藏品开展各项业务工作的。其藏品体系不仅为博物馆鉴定提供了标准器摹本，而且也影响到博物馆在文物鉴定领域的专业特征。比如，钱币类博物馆对钱币类鉴定对象进行鉴定时，显然比瓷器类博物馆要更加专业。第二，文物鉴定方法的形成和改进是一个长期积累的实践过程，与一般鉴定主体相比，兼有藏品和人才优势的博物馆在长期对馆藏品收藏、保护、研究、展示的基础上，综合利用现代科学技术设备和传统鉴定方法方面，显然更具有优势。

（4）鉴定结论具有相对性

文物鉴定是一个主观认识客观的过程，是特定的鉴定主体对特定对象的认识、分析、评价、判断的过程，因此，鉴定结论具有相对性，这一点博物馆也概莫能外。博物馆文物鉴定结论的相对性除了因为鉴定主体不同而固有的区别之外，还表现在对于同一件鉴定对象的鉴定结论，可能会随着博物馆研究、鉴定水平等客观情况的变化而变化。比如国家博物馆收藏的、出土于河南安阳侯家庄武官村的“司母戊”青铜鼎，自 1939 年出土以来，根据器身铭文将其命名为“司母戊”，表示该鼎是为祭祀母戊所铸。随着考古资料的丰富和研究工作的深入，自 20 世纪 70 年代开始，学术界认为殷商时期的文字书体比较自由，可以正书，也可以反书。该鼎铭文既可释读为“司母戊”，也可释读为“后母戊”，“后”表示墓主人的身份，在此处则以释

“后母戊”为妥，意指该鼎是为了祭祀拥有后身份的母戊而作。2011 年春天，在国家博物馆新馆陈列中，也将其更名为“后母戊”。这种对文物名称的变更，显然是在对文化资源进行再认识的基础上发生的，同时也深刻反映出文物鉴定结论的相对性特征。

二、文物鉴定法律效力的考察原则

这里所讨论的文物鉴定的法律效力是指文物鉴定结论在一定范围内具有的法律约束力。根据效力范围的不同，可以将其分为绝对法律效力和相对法律效力。绝对法律效力，也可以称为对世效力，是指文物鉴定结论对任何人都具有约束力。相对效力，也可以称为对人效力，是指文物鉴定结论仅在特定条件下，对特定的法律主体有一定约束力。

1. 技术考察原则的缺陷

文物鉴定结论具有相对性特征，那么在对同一对象进行鉴定的诸多鉴定结论中，究竟哪种鉴定才具有法律效力，具有何种法律效力？就技术层面而言，鉴定结论的效力是与其鉴定的准确性相关联的，越准确的结论其效力就越强。然而，依靠判定鉴定准确性的方法来评价鉴定结论的有效性，仅仅停留在理论层面，在实践中很难实施。主要表现在：第一，对鉴定结论进行准确性评价缺少必要的统一标准。要评价一个对鉴定对象文物价值的认识是不是准确，首先需要一个统一的衡量标准。而实际上，要在文物鉴定领域设定一个统一的评价标准几乎不可能。中国的文物数量众多，类型丰富，流传状况复杂，很难对不同种类、不同来源、不同用途的文物设定一个统一的、直观的鉴定标准。比如，瓷器和青铜器之间不可能按照相同的鉴定方法、鉴定设备等同一个鉴定标准去评价，同是陶瓷类文物也不可能都设定胎质、釉色、器形等标准去对号入座。可见，在缺乏统一鉴定标准的基础上来讨论鉴定结论的准确性显然有很大难度。第二，对不同鉴定结论进行实践检验式评价的社会成本会非常高。不可否认，“实践是检验真理的唯一标准”。但是，如果将所有的文物鉴定结论都一一放在实践中去检验其准确性，继而确定其法律效力，显然会极大地提高文物鉴定效力认定的时间成本和社会成本。以文物诉讼为例，如果长时间停留在对鉴定对象的认定上，不仅会延长对案件的审理期间，而且会导致司法资源的浪费。第三，鉴定结论的准确性并不与鉴定主体、鉴定方法的可信度有着必然联系。一般来说，文物鉴定结论的准确性和可信度与鉴定主体、鉴定方法、对鉴定对象信息的掌握程度等因素密切相关。鉴定主体的专业技术水平越高，鉴定结论准确性也相对越高。比如鉴定机构的性质、研究领域、学术级别，鉴定人员的职称、学历、从业年限等等。就文物鉴定方法而言，一般可以包括运用传统鉴定方法鉴定、利用现代科技手段鉴定，以及综合运用这两种方法鉴定。而这几种鉴定方法之间并没有孰优孰劣的区别，只是各具特点，互为补充。同时，对鉴定对象的信息掌握得越充分，则鉴定结论的可信度也相对较强；反之，缺乏对鉴定对象信息的了解，则鉴定结论的可信度也会相对降低。但是，实际情况并非如此。以对河南安阳发现的“曹操”墓的判断为例。从事该墓实际发掘的考古队学术级别不可谓不权威，参加人员专业学识不可谓不专业，对该墓的第一手信息掌握得也较为充分，然而，即便如此，由他们所作出的该墓是“曹操”墓的判断仍然引起了许多不同意见。由此可见，通过考察鉴定主体的可信度，以此衡量鉴定结论的相对准确性，并进而确定其法律效力的办法显然不行。

2. 文物鉴定法律行为是考察文物鉴定法律效力的切入点

既然文物鉴定结论具有相对性，那么对其进行法律效力的考察和确认是不是有伪命题之嫌呢？事实上，如果将文物鉴定放在法理背景下去分析和考察就会发现，情况并非如此。文物鉴定结论的相对性特征属于技术性范畴，而法律效力则属于社会规范的范畴，二者不但没有天然的相悖属性，而且它们之间还有着有机联系。两者之间有机联系的纽带就是法律行为以及由法律行为所引起的法律关系。具体而言，文物鉴定结论是否具有法律效力需要依靠文物鉴定行为是否属于法律行为来判断，而其具有何种法律效力，则取决于该鉴定行为所反映的法律关系。

法律行为是人们所实施的、能够发生法律上效力、产生一定法律效果的行为。也就是说，一个行为的法律效力的前提是该行为是否属于法律行为。如果一个行为属于法律行为，则具有法律效力；如果不属于法律行为，则不具有法律效力。就文物鉴定行为而言，只有该鉴定行为属于法律行为时，才具有法律效力，而当该鉴定行为不属于法律规范调整的法律行为时，则不具有法律效力。我们可以从以下三个方面来考察文物鉴定行为是否属于法律行为，继而是否具有法律效力。首先，有效的文物鉴定行为应该具有法律性。法律性是指法律行为是受法律调整的行为，即法律对这种行为有所规定，这种行为能够产生法律后果。文物鉴定行为的法律性表现在两方面：一是法律对行为模式的设定上，比如文物收藏单位对馆藏文物鉴定的行为就是有法律根据的行为；二是行为产生的法律后果上，比如提供鉴定服务的鉴定行为产生的法律后果是合同关系。其次，有效的文物鉴定行为应该具有社会性。社会性是指法律行为具有社会意义，会产生社会影响或社会效果。它所强调的是对行为进行法律调整的必要性。文物鉴定行为既有止于自己欣赏的非社会行为，也有能直接或间接地影响到他人（特定或不特定的个人或人群），影响到他人利益的发生、存在、实现或变化，既会构成利益的和谐状态，也会引起矛盾或冲突。只有后者才是法律需要调整的行为。比如，博物馆工作人员基于法律规定和履职要求，对本馆馆藏文物进行鉴定的行为，即属于法律行为，具有法律效力；博物馆工作人员基于个人爱好，对某一鉴定对象撰文研究的行为，不属于法律行为，则不具有法律效力。最后，有效的文物鉴定行为应该具有意志性。意志性是指文物鉴定主体对其行为应当具有认识和意志因素。意志意味着鉴定人能够辨识自己行为的意义并能控制自己的行为，正因如此，鉴定人才能了解法律的要求并对行为进行选择，法律也才由此能够影响鉴定人的行为选择，实现对行为的调整。比如，盗窃犯实施盗窃时，是否认识到犯罪对象为文物还是一般财物，直接关系到定罪和量刑。

3. 文物鉴定法律关系决定了鉴定结论的有效性

文物鉴定行为是否属于法律行为，只是解决了其是否具有法律效力的问题，至于该鉴定行为究竟具有何种法律效力，则还需要通过考察其所反映的法律关系来完成。法律关系是法律在调整人们行为的过程中形成的特殊的权利和义务关系，人们的行为依据特定法律规范在法律关系中也表现出相应的法律效力。就文物鉴定法律效力而言，文物鉴定行为作为一种人们有意识的法律行为，在受到不同法律规范调整时，会表现出不同的法律关系，而在不同的法律关系中，鉴定结论又会表现出不同的法律效力。我们可以从以下三方面来考察。

第一，文物鉴定法律关系所依据的法律规范可以分为两个层级：一是《文物保护法》及相关的配套法律规范，二是其他法律规范。文物鉴定的出发点和落脚点都是围绕“是否是文物”、“是什么文物”、“有什么价值”等来展开的，其可能引起的法律后果是与文物保护和利用有关的权利和义务，其中首当其冲的是对文物的保护义务。因此，《文物保护法》及相关配套法律规范理所当然是文物鉴定法律关系的首要法律规范。同时，在我国业已建立起来的具有中国特色的“社会主体法律体系”中，民事、刑事、行政、诉讼等法律规范直接决定了文物鉴定所反映的法律关系类型，继而决定了文物鉴定的民事、刑事、行政、诉讼等类型的法律效力。第二，文物鉴定法律关系中的主体具有多样性。实践中，文物鉴定法律关系主体既可以是单方主体，也可以是双方主体，还可以是多方主体。比如，非国有博物馆基于藏品管理和物权规范，对馆藏品进行鉴定时，表现为单方法律关系主体，其鉴定行为和结论具有对世的绝对效力；当鉴定人基于合同法规范为他人提供鉴定服务时，表现为双方主体，其鉴定行为和结论具有针对特定主体的相对效力；当鉴定人基于程序法规范进行司法鉴定时，则可能表现为多方法律主体，其鉴定行为具有绝对法律效力，而鉴定结论具有效力待定的特点。可见，不同的法律关系主体，反映出文物鉴定法律关系的类型区别，也表现出不同的法律效力。第三，客体的“文物”不确定性。鉴定对象在鉴定之前，既可能是已经确认的“文物”，也可能是还未经确认的“准文物”、“伪文物”。对于前者而言，鉴定行为可能是对鉴定对象的再认识，理应根据《文物保护法》及相关法律规范执行；对于后者而言，尽管其在鉴定前还没有得到“文物”身份的确认，甚至可能根本得不到确认，但是，鉴于其鉴定目的和鉴定行为的社会性属性，笔者认为仍然应当根据《文物保护法》及其相关法律规范对鉴定行为进行约束。也就是说，无论鉴定客体是否确定为“文物”，其鉴定行为都应当属于文物鉴定法律关系范畴。

三、博物馆文物鉴定的法律关系及效力

通过以上分析，我们可以根据博物馆文物鉴定行为的起因和鉴定对象的不同，将博物馆文物鉴定的法律关系分为三类：第一，当博物馆履行法定义务对本馆藏品进行鉴定时，表现为行政法律关系，鉴定结论具有对世法律效力；第二，当博物馆根据合同关系对非本馆藏品进行鉴定时，表现为民事法律关系，鉴定结论具有相对法律效力；第三，当博物馆接受司法机关委托，对特定对象进行鉴定时，则表现为诉讼法律关系，鉴定结论等同于证据，其效力具有待定性。

1. 基于文物保护法律规范的行政法律关系及对世法律效力

博物馆对本馆藏品进行文物鉴定，在法律关系上表现为行政法律关系范畴。首先，对文物收藏单位的馆藏文物进行鉴定，是对馆藏文物进行法律保护的基础。藏品是博物馆的基础，离

开藏品，博物馆就失去了存在的必要和文化载体。而对藏品进行名称、年代、性质、价值等的确定，是博物馆所有工作的起点，本馆藏品鉴定结论的确定性是开展博物馆所有工作的基础。如果藏品鉴定的名称、年代、性质等不确定，显然无法正常开展博物馆的各项工作。即使某一时期对藏品的鉴定有问题，也就是文物鉴定结论相对性的弊端显现出来，也可以经过一定程序加以修正和改正。其次，博物馆对本馆藏品进行鉴定实质上是依法履行法定的行政义务，《文物保护法》、《博物馆管理办法》、《博物馆藏品管理办法》等规范性文件体现了这种行政义务的存在和必要。第一，法律对博物馆提出了明确的业务条件要求，规定了博物馆需在资源配置上具有一定数量、一定能力的业务人员。第二，法律规定了博物馆有对本馆藏品进行鉴定、确定等级，并采取相应保护措施的义务。第三，博物馆违反鉴定藏品义务将会承担一定的法律责任，并且这些法律责任均属于行政责任范畴。最后，法律规定了博物馆鉴定本馆藏品必须遵守法定程序。包括备案程序、变更程序、藏品转移程序等，这些程序性规范均鲜明地体现了行政法律关系的。

可以看出，博物馆在行政法律规范前提下，所进行的对本馆藏品的文物鉴定行为具有明显的行政法律关系特征。在行政强制力的作用下，相对性较强的文物鉴定结论就转化为带有国家行政强制力的确定性结论。也就是说，博物馆依法对本馆藏品所进行的文物鉴定结论具有对任何人都有约束力的绝对法律效力。

2. 基于合同法律规范的民事法律关系及相对法律效力

博物馆作为平等民事主体所提供的对非馆藏文物进行的鉴

定服务，在法律关系上应该属于民事法律关系范畴。在这种法律关系中，博物馆与其他民事主体之间是一种合同关系，具体而言，应该是一种技术服务合同关系。博物馆与要求鉴定的对方当事人之间互相负有义务，享有权利。即博物馆为对方当事人提供智力服务，通过对标的物的判断履行合同义务。博物馆只要对合同标的（即鉴定对象）进行分析研究，做出自己的判断，并将这种判断结论按照合同约定的方式传递给权利人，则博物馆就履行完合同义务。与此同时，对方当事人在合同关系中的主要权利也在于获得博物馆对标的物的主观判断。至于博物馆对标的所做出的判断是否具有唯一性，既不是也不可能成为博物馆的合同义务，更不是对方当事人的合同权利。换句话说，在这个合同关系中，博物馆的鉴定结论只是一种普通的主观判断，不受国家强制力支持，不具有普遍约束力。

博物馆基于民事法律行为所作出的文物鉴定结论不具有唯一性，因此不具有法律强制力，是指对合同关系主体之外的第三人没有约束力，并不否认博物馆鉴定行为对其自身以及合同对方当事人的约束力。这是因为：第一，博物馆对标的所作的鉴定是其独立的主观意思表示，作为具有意思表示能力的独立法人，博物馆理应为自己的法律行为负责，而这种法律行为的性质既可以属于民事法律关系、行政法律关系、诉讼法律关系，也可以属于其他类型的法律关系。换句话说，博物馆的文物鉴定的对外效力是相对的，但对内效力则是绝对的。第二，对方当事人在实施的合同行为中，在主观方面大致分为两个递进层次的主观意志因素，即认识因素与意志因素。认识因素既包括当事人对博物馆文化背景、业务领域和业务能力的认同，也包括对标的客观性的认同；意志因素则是指对方当事人基于这种认同，为了了解标的的文物价值或其他目的而独立、自愿地做出意思表示。对于具备民事行为能力的主体来说，显然应该对自己能引起法律后果的行为负责。第三，鉴定结论对合同对方当事人的约束力并不是体现在其应当受鉴定结论内容的约束，而是指应当受鉴定行为完成的法律后果的约束。鉴定结论意味着鉴定行为的完成，合同对方当事人应当根据合同约定履行自己的义务，比如支付合同约定费用等。从这个意义上来说，该鉴定结论对合同当事人具有约束力。

博物馆民事鉴定不具有绝对法律效力，也不是否定博物馆文物鉴定在民事行为中存在的必要性。一方面，就博物馆而言，博物馆作为平等民事主体所提供的文物鉴定服务实际上是博物馆履行社会服务职能的一部分。虽然文物鉴定结论具有相对性的固有属性，但是，其鉴定结论的可靠与否，会直观地反映出博物馆业务能力的状况，并对博物馆的社会形象、市场形象造成非常重要的影响。另一方面，对文物鉴定技术服务合同的其他民事主体而言，博物馆文物鉴定也是文物收藏、文物保护、文物流转等民事行为的重要技术支持。事实上，随着文物收藏的兴盛以及文物交易市场的繁荣，平等主体之间有时候会委托博物馆对各种标的进行鉴定。在这种情况下，博物馆鉴定结论仅仅是文物收藏和交易的参考依据。从这个角度来看，博物馆鉴定显然具有一定的现实意义。但是，需要特别强调的是，当博物馆为文物交易双方提供鉴定服务时，实际上是存在着两个民事法律关系，即交易双方的买卖合同关系和博物馆与委托鉴定人之间的技术服务合同关系。博物馆作为技术服务合同的一方当事人，既不是该文物交易行为的一方当事人，也不是文物交易活动的中介机构，其鉴定结论更不是对交易行为的主观意思表示。所以，因买卖合同所产生的违约、侵权等法律责任不应当、也不可能由博物馆来承担。

3. 基于程序性法律规范的司法鉴定及效力待定性

文物作为一种具有财产性和文化性双重属性的特殊物，在各种诉讼、仲裁法律关系中往往需要借助于对这类标的进行司法鉴定，从而推动诉讼、仲裁程序的进行。在涉及文物标的的司法鉴定中，经过相关部门批准的博物馆也会承担着鉴定人的角色，这类鉴定行为在法律性质上属于诉讼、仲裁法律关系范畴，而鉴定结论则是作为司法鉴定证据表现出来的。这类鉴定结论如果被审判、仲裁机构采纳，则显然被赋予了国家强制力的属性，对诉讼、仲裁当事人具有强制效力，对其他第三人也会有判例参考效力；如果这类鉴定没有被审判、仲裁机构采纳，则其不具有强制约束力。也就是说，博物馆基于程序性法律规范而作出的司法鉴定结论的有效性取决于诉讼、仲裁机构的认定，因此其法律效力处于待定状态，具有待定性。

另一方面，作为民事主体的博物馆为社会提供的文物鉴定结论虽然不具有对第三人的法律效力，但是，在实际生活中，如果委托鉴定人将该鉴定结论作为诉讼证据使用时，其效力也取决于审判、仲裁机构的认定。在这类诉讼中，虽然博物馆的鉴定结论仍然是作为证据存在，但与上述司法鉴定证据有着本质的不同，即在司法鉴定中，博物馆是作为诉讼法律关系主体参与到诉讼、仲裁中，而民事诉讼中，博物馆并不是诉讼法律关系的参与者。

在诉讼法律关系中，博物馆鉴定结论还存在着一种特殊的证据表现形式，即公证证据。需要注意的是，经过公证机构公证的鉴定结论，并不是在违反鉴定结论相对性的基础上强制认定鉴定结论的准确性，而是通过认定博物馆鉴定事实的存在，向公众公开证明鉴定事实的真实性。这类经过公证的鉴定结论具有何种法律效力，还需得到司法、仲裁机构的采纳和认定。

综上所述，虽然博物馆文物鉴定结论的相对性是客观存在的，但是相对性与有效性是可以兼容并存的。博物馆的文物鉴定行为只要符合法律行为所要求的法律性、社会性和意志性要件，其行为就是有效的。同时，博物馆文物鉴定结论在鉴定行为有效性的前提下，在行政、民事、诉讼等不同法律关系中表现出不同的法律效力。毫无疑问，文物鉴定的法律效力问题，是一个涉及多学科、多层次、多领域的复杂命题，作者的切入点也许略显稚嫩，观点也颇为肤浅，甚至错误，种种不足，还希冀于在今后的工作和学习中更加深入地实践和思考。

参考文献

一、著作

1. 李晓东：《文物保护法概论》，学苑出版社，2002 年版。

2. 李晓东：《文物学》，学苑出版社，2005 年版。

3. 李晓东：《文物与法律研究》，河北人民出版社，2006 年版。

4. 李晓东：《文物保护理论与方法》，故宫出版社，2012 年版。

5. 李晓东：《民国文物法规史评》，文物出版社，2013 年版。

6. 李晓东：《文物保护管理概要》，文物出版社，1987 年版。

7. 马小红：《古法新论——法的古今连接》，上海三联书店，2014 年版。

8. 宋向光：《物与识——当代中国博物馆理论与实践辨析》，科学出版社，2009 年版。

9. 马自树：《文博余话》，紫禁城出版社，2011 年版。

10. 王名扬：《法国行政法》，中国政法大学出版社，1989 年版。

11. 王宏钧：《中国博物馆学基础》，上海古籍出版社，1990 年版。

12. 王云霞：《文化遗产法教程》，商务印书馆，2012 年版。

13. 王云霞：《文化遗产法：概念、体系与视角》，中国人民大学出版社，2012 年版。

14. 王云霞：《文化遗产法学——框架与使命》，中国环境出版社，2013 年版。

15. （美）爱德华·P. 亚历山大、玛丽·亚历山大著，陈双双译，陈建明主编：《博物馆变迁——博物馆历史与功能读本》，译林出版社、博书堂文化，2014 年版。

16. （美）休·吉诺韦斯、玛丽·安妮·安德列编，路旦俊译，陈建明主编：《博物馆起源——早期博物馆史和博物馆理念读本》，译林出版社、博书堂文化，2014 年版。

17. 侯宇：《行政法视野里的公物利用研究》，清华大学出版社，2012 年版。

18. 张杰：《公共用公物权研究》，法律出版社，2012 年版。

19. 肖泽晟：《公物法研究》，法律出版社，2009 年版。

20. 黄哲京、李晨：《博物馆常用合同》，紫禁城出版社，2010 年版。

21. 陈敏：《行政法总论》，台北三民书局，2000 年版。

22. 杨建顺：《日本行政法通论》，中国法制出版社，1998 年版。

23. 国家文物局：《博物馆条例释义》，中国法制出版社，2015 年版。

24. 国家文物局、中国博物馆学会：《博物馆法规文件选编》，科学出版社，2010 年 10 月第 1 版。

25. 朱景文：《法理学》，中国人民大学出版社，2008 年版。

26. 龙翼飞：《物权法原理与案例教程》，中国人民大学出版社，2008 年版。

27. 姚辉：《民法学原理与案例教程》，中国人民大学出版社，2007 年版。

28. 胡康生：《中华人民共和国物权法释义》，法律出版社，2007年版。

29. 姜明安：《行政法与行政诉讼法》，北京大学出版社，2011年版。

30. 中国文物报社：《中华人民共和国文物保护法·以案说法》，文物出版社，2003年版。

31. 范敬宜、张春生、徐玉麟、单霁翔：《文物保护法律指南》，中国城市出版社，2003年版。

32. 国家文物局法制处：《国际保护文化遗产法律文件选编》，紫禁城出版社，1993年版。

33. 国家文物局法制处：《外国保护文化遗产法律文件选编》，紫禁城出版社，1995年版。

34. 故宫博物院：《故宫博物院诉讼案例选编》，故宫出版社，2012年版。

35. 中国博物馆学会：《美国博物馆认证指南》，外文出版社，2011年版。

36. 中国博物馆学会：《美国博物馆国家标准最佳做法》，外文出版社，2010年版。

二、论文

1. 沈爱玲：《博物馆收购文物行为法律效力分析》，载《学术论坛》2011年第10期。

2. 郝亚钟：《论我国博物馆的法律地位》，载《新世纪博物馆的实践与思考——北京博物馆学会第五届学术会议论文集》，北京燕山出版社，2007年第1版。

3. 金锦萍：《漫谈博物馆的“非营利性”》，载《中国文物报》2015 年 3 月 10 日，第 3 版。

4. 刘志强：《公物及其法律关系基础性研究》，西南政法大学硕士论文，2006 年。

5. 梁凤云：《行政公产研究》，中国政法大学硕士论文，2001 年。

6. 任尚峰：《公物制度研究》，山西大学硕士论文，2007 年。

7. 苏东海：《博物馆演变史纲》，载《中国博物馆》1998 年第 1 期。

8. 刘岳：《行政登记行为性质分析及其司法审查》，载《衡水学院学报》2007 年第 2 期。

9.（日）鹤田总一郎著，华惠伦、陈国珍整理：《博物馆是人和物的结合》，载《中国博物馆》1986 年第 3 期。

10. 任尔昕、王肃元：《我国法人民事责任制度之检讨》，载《政法论坛》2002 年第 2 期。

11. 焦晋林：《试论国有博物馆的法律人格》，载《国际博物馆》（全球中文版）2008 年特刊。

12. 李晨：《博物馆对其藏品所拥有权利的性质、内容与限制》，载《中国博物馆》2012 年第 1 期。

13. 罗龙鑫：《论行政法上的公共设施》，湘潭大学 2006 年硕士论文。

14. 周刚志：《公物概念及其在我国的适用——兼析我国〈物权法草案〉的相关条款》，载《现代法学》2006 年第 4 期。

15. 唐忠民、温泽彬：《关于“公共利益”的界定模式》，载《现代法学》2006 年第 5 期。

16. 陈步雷：《社会法的功能嬗变、代际更替和中国社会法的定位与建构》，载《现代法学》2012 年第 3 期。

17. 王贵松：《民法规范在行政法中的适用》，载《法学家》2012 年第 4 期。

18. 黄静：《国有公共设施行政法律问题初探》，苏州大学硕士论文，2004 年。

19. 凌维慈：《历史视角下的社会权——以日本生存权理论的发展变革为视角》，载《当代法学》2010 年第 5 期。

20. 冯毅：《公营造物基本问题解析》，载《江西行政学院学报》2011 年 11 月。

21. 吴辉：《从〈遗产法典〉看“法国的博物馆”》，载《中国文物报》2014 年 7 月 22 日，第 6 版。

22. 彭虹斌：《大陆法系与英美法系国家公立中小学法律地位比较与启示》，载《外国中小学教育》2011 年第 5 期。

23. 周华兰：《法国公立公益机构的行政法特征及其启示》，载《湖南社会科学》2011 年第 2 期。

24. 马昕：《日本公益法人改革探析》，载《社团管理研究》2008 年第 9 期。

25. 黄哲京：《关于国有博物馆章程制度必要性问题的研究》，载《故宫学刊》2014 年第 2 期。

三、法律法规

1.《中华人民共和国宪法》，1982 年 12 月 4 日第五届全国人民代表大会第五次会议通过，2004 年 3 月 14 日第十届全国人民代表大会第二次会议通过的《中华人民共和国宪法修正案》修正。

2.《中华人民共和国民法通则》，1986 年 4 月 12 日第六届全国人民代表大会第四次会议通过。

3.《中华人民共和国物权法》，2007 年 3 月 16 日第十届全国人民代表大会第五次会议通过。

4.《中华人民共和国文物保护法》，1982 年 11 月 19 日第五届全国人民代表大会常务委员会第二十五次会议通过；2007 年 12 月 29 日第十届全国人民代表大会常务委员会第三十一次会议第二次修正。

5.《中华人民共和国文物保护法实施条例》，2003 年 5 月 13 日国务院第 377 号令。

6.《中华人民共和国担保法》，1995 年 6 月 30 日第八届全国人民代表大会常务委员会第十四次会议通过，1995 年 10 月 1 日起施行。

7.《博物馆条例》，2015 年 1 月 14 日国务院第七十八次常务会议通过，2015 年 3 月 20 日起施行。

8.《博物馆管理办法》，2005 年 12 月 22 日文化部部务会议审议通过。

9.《博物馆藏品管理办法》，1986 年 6 月 19 日文化部发布。

10.《文物出境展览管理规定》，2005 年 5 月 27 日国家文物局发布。

11.《关于全国博物馆、纪念馆免费开放的通知》，2008 年 1 月 23 日中宣部、财政部、文化部、国家文物局联合发布。

12.《关于促进民办博物馆发展的意见》，2010 年 1 月 29 日国家文物局、民政部、财政部、国土资源部、住房和城乡建设部、文化部、国家税务总局联合发布。

13.《公共文化体育设施条例》，2003 年 6 月 26 日国务院第 382 号令。

14.《文物行政处罚程序暂行规定》，2004 年 12 月 16 日文化部部务会议审议通过。

15.《文物认定管理暂行办法》，2009 年 10 月 1 日国家文物局发布施行。

16.《文物复制拓印管理办法》，2011 年 1 月 28 日国家文物局发布施行。

17.《事业单位登记管理暂行条例》，中华人民共和国国务院第 411 号令。（1998 年 10 月 25 日中华人民共和国国务院令第 252 号发布；根据 2004 年 6 月 27 日《国务院关于修改〈事业单位登记管理暂行条例〉的决定》修订。）

18.《社会团体登记管理条例》，中华人民共和国国务院令（第 250 号），1998 年 9 月 25 日国务院第八次常务会议通过。

19. 国家文物局：《关于民办博物馆设立的指导意见》，文物博发（2014）21 号。

20.《北京市博物馆条例》，2000 年 9 月 22 日北京市第十一届人民代表大会常务委员会第二十一次会议通过。

21.《国际博物馆协会章程》，2007 年 8 月 24 日维也纳通过。

22.《国际博物馆协会博物馆职业道德》，2004 年国际博协第 21 次全体大会韩国首尔通过。

23.《关于博物馆向公众开放最有效方法的建议》，1960 年 12 月 14 日联合国教育、科学及文化组织大会第十一届会议巴黎通过。

24.《关于禁止和防止非法进出口文化财产和非法转让其所有权的方法的公约》，1970 年 11 月 14 日联合国教育、科学及文化组织大会第十六届会议巴黎通过。

25.《法国博物馆法》，2002 年 1 月 4 日法国国民大会以及参议院通过。

26.《日本博物馆法》，昭和二十六年，法律第 285 号。

27.《英国博物馆认证制度之认证标准》，1988 年以“博物馆和美术馆注册制度”名称首次推出，1995 年修订。

28.《美国评审制度标准——可参与评审的博物馆特征》，评审委员会 2004 年 12 月 3 日批准。

29.《爱沙尼亚博物馆法案》，1996 年 12 月 14 日生效。

30.《波兰博物馆法案》，1996 年 11 月 21 日实施。

31.《丹麦博物馆法案》，2001 年 6 月 7 日，第 473 号法令。

32.《美国统一信托法》(*Uniform Trust code*)。

33.《美国博物馆和图书馆服务法案》，2010 年 12 月 14 日美国众议院通过。

四、网络文献

1. 宋向光：《博物馆定义与当代博物馆的发展》，载“百度文库”，http：//wenku. baidu. com/link? url=wZ9jV4Ipi2pT6JQt-Y09e8OQro2j _ tV5B4XcRnQ8ae _ zBLkebgjKwisvcFZP7TKCzXf _ Ur6Nn70OCeREJq2DjZm2olUjCdQ _ Hser1GIxmgP

2. 马俊驹：《法人制度的基本理论和立法问题探讨》，http：//www. docin. com/p—216175608. html

3. 马俊驹：《法人的意思》，http：//www. ndcnc. gov. cn/datalib/2003/NewItem/DL/DL—456779

4. 王云霞：《论文化遗产权》，载“文化遗产法研究网”，http：//www. cnchl. net/a/yjcg/feiwuzhiwenhuayichandefalvbaohu/2011/0525/2677. html

5. 崔建远：《所有权的蜕变》，http：//www. doc88. com/

p—7009835998203. html

6.《中国博物馆数量达 4165 家，参观人数超 6 亿》，新华网，http：//news. xinhuanet. com/politics/2014—05/18/c _ 1110740690. htm

7.《“夺宝”诉讼战打 16 年，国家文物局也被告上法庭》，载“搜狐新闻网”，http：//news. sohu. com/20070508/n249895857 _ 1. shtml

8.《老两口起诉鞍山博物馆索要“镇馆”元青花瓷罐》，载“腾讯新闻网”，http：//news. qq. com/a/20071226/004077. htm

9. 朱峰：《承德文物盗窃大案：大盗李海涛被执行死刑》，中国法院网，http：//old. chinacourt. org/public/detail. php? id=436675

10.《某博物院出租馆舍“以馆养馆”年获利 300 万》中国新闻网，http：//www. chinanews. com/sh/2011/05—18/3050438. shtml

11.《国家博物馆被曝 25 万元出租场地办私人婚礼》，网易新闻，http：//news. 163. com/11/1016/03/7GF6TS6600014AED. html

12.《星巴克该不该从故宫离开?》，搜狐财经，http：//business. sohu. com/s2007/starbucks/

13. 刘勇：《应将文物保护公益诉讼制度纳入法律范畴》，http：//www. ce. cn/culture/gd/201405/01/t20140501 _ 2747620. shtml

14. 何勇海：《首起“文物保护公益诉讼”的启示》，http：//www. gtzyb. com/pinglun/20151103 _ 90239. shtml

15. 刘丽萍：《行政法上的物权初探》，http：//www. docin. com/p—535965864. html

16. 刘艺：《公物法中的物、财产、产权——从德法公物法之客体差异谈起》，http：//wenku. baidu. com/view/34830ebbf-d0a79563c1e7244. html

17. （日）金子启明撰，中须贺译：《日本国立博物馆独立行政法人化以及诸问题》，http：//www. doc88. com/p－992974092084. html

后　记

从1991年进入北大考古系学习博物馆专业算起，迄今已在文博领域学习和工作了25年，我也从当初的懵懂少年跨过了不惑的光阴门槛。应该说，作为一名文博行业的老兵，无论是基于工作还是事业，都需要对自己所从事的领域有着自身清晰的理性或感性认知。然而，令我纠结甚或惶恐的是，长期以来，对于博物馆究竟是什么这一基本命题，我总是处于时而明白时而困惑的自我认知和自我否定中。究其原因，或许与博物馆作为一个兼具浓厚的文化属性和历史属性的社会现象，对其基于不同视角的认知难免存在诸多个性差异的学科特性有关，正所谓“远看成岭侧成峰，远近高低各不同”。事实上，作为应用性很强的学科，博物馆学也是伴随着应用研究而不断发展起来的，学界对博物馆的基本学术认知也在相当长时期随着博物馆学理论的发展和实践而不断演变，乃至迄今仍然有不少学者从不同视角就博物馆的定义、本质、价值等基础而又深层次问题进行着不懈的探索和研究。在依法治国和法治文博的历史背景下，基于法学视角，从理论上对博物馆这一社会现象进行考察和探究，不仅是博物馆应用研究中的新领域，也是对博物馆学基础研究的有益补充。

就我而言，从法学理论视角观察和思考博物馆现象，源自于2002年夏季。记得当时我刚通过司法考试不久，即受命参与筹建北京市海淀区博物馆。在头绪繁多的工作中，也许是受自身学术兴趣的视野使然，抑或是受到应对司法考试以来形成的法学思维习惯影响，总是不自觉地用法律的标尺衡量着每一项博物馆的业务工作，并试图在法律框架下将博物馆业务行为加以对号入座式的甄别。这种情况并没有因海博的建成开放以及此后的工作调动有所改变，甚至关注的范围和方法还随着时间的推移而不断拓展。直到十年后，我在因博物馆藏品物权问题绞尽脑汁却百思不得其解的窘境中，开始接触到国内行政法学者关于公物法的系统理论，才打开了我困惑已久的思维枷锁。本书正是在以公物法理论为主要方法论的法治视野下，对博物馆的基本属性、法律地位、藏品权利等基础法学理论问题所作的分析和探讨，也是对自己长期以来的学术思考所作的一个阶段性总结。

即使在行政法学领域，公物法理论也是属于鲜少被涉足的僻壤和荒漠，甚至在某些方面还存在争议，而将其作为主要研究进路，用来审视博物馆学中的基础理论问题，则无疑更具有挑战性。就本书的写作过程而言，确实也相当漫长而又充满了艰辛。早在 2007 年，我就已经开始了本书结构的思考和设计，并在接下来的几年里完成了部分章节的初稿。尽管后来这些努力已经被修改得面目全非，甚至推倒重来，但正是因为有了前期的积累，才为后来较为清晰的分析和写作思路打下了良好基础。与此同时，无论是在博物馆学还是法学领域，我的学术积累和专业素养都很稚嫩，面对跨学科、跨部门法研究过程中随时出现的技术难题，源自中学时闫明亮老师关于“蚂蚁啃骨头”的谆谆教诲总能在彷徨和无助时凸显出积极的力量，帮助我在静默的晨曦中徜徉于浩瀚的书海。当书稿最终摆在我面前的时候，我想自己最大的收获不是来自心灵深处的观点和见解，而应该是作为一名践行燕园学风的文博工作者坚守内心世界所应该具有的严谨和从容。

感谢李晓东研究员！正是二十多年前李老师在燕园文史楼的课堂上开始了我的文博法学启蒙。在近几年的学习和研究中，李老师总是不厌其烦地对我提出的诸多问题耐心倾听、深入交流和认真解答，并对我的一些看法和观点给予了善意的评点和建设性指导。李老师在治学中处处体现出的对国家文博事业的历史责任感、严谨认真的治学态度、渊博的学识以及朴实无华的学风着实令人敬佩！

感谢恩师马小红教授！当我首次向老师提出公物法理论在研究博物馆藏品物权问题中所应该发挥的作用时，老师给予了我足够的信任、肯定和鼓励，使我能始终在既定的研究思路中坚守前行，由此完成的《博物馆馆藏文物的物权研究》也在第一届全国博物馆学优秀学术成果评选中被评为优秀论文，而该书也正是硕士论文和我承担的北京市社科基金课题——“公物法视野下的博物馆法律地位研究”成果的集中体现。

感谢高小龙研究馆员！高老师作为北京地区文博政策和法规的参与者和践行者，在文博法学领域有着深厚的功底，每次和高老师就某一棘手问题进行探讨时，都能从他那里得到非常接地气的启发和感悟。

感谢北京大学考古文博学院宋向光教授和南京大学法学院肖泽晟教授！两位老师对博物馆学和公物法学相关理论问题的解答和建议为本书研究中的基础理论支撑提供了极大帮助，也为我今后的学习和工作打下了良好基础。

感谢中国人民大学法学院姜栋副教授！姜老师在百忙之余

所做的专业翻译使整个研究过程和本书定稿都增色良多。感谢首都博物馆冯好副研究馆员！正是冯老师对调查问卷进行的多次修改和具体调查，使得相关理论研究与博物馆实务之间的联系更加紧密。

感谢北京市古代钱币展览馆王培伍馆长的理解和支持！

感谢北大学长邱文忠以及同窗好友李学军、孟金霞、胡延锋！同学们提供的帮助使得研究任务能够顺利完成并出版。感谢李萍、艾丹两位原海博同事！她们或者不远万里从大洋彼岸帮我收集国外的相关立法资料，或者从各种渠道收集国内相关案例，并帮助初步分析和归类。

特别感谢我的家人！一身正气、磊落而又倔强的母亲年事已高，虽然没有进过学堂，不了解我所从事的研究是什么，但她始终在关注着我。当我投身于日常工作和学术研究中时，母亲总是不声不响地和我保持着不忍打扰的距离；而当我面临困难、举步维艰之时，母亲总是适时地出现在我身旁，用坚毅的眼神和温暖的双手伴随我走过每一段难熬的时光。几年前，当我需要同时面对女儿出生、工作调动、基本陈列改陈和课题研究等情况而疲于应对之际，岳父岳母和我的三位姐姐给予了我尽可能多的帮助，默默地为我付出了许多，正是在她们亲情满满的关心下，才使我在生活、工作、科研的辗转腾挪间不至于过分蹒跚。长期以来，妻子王静总是一成不变地给予我理解和支持，她既是我的学术伙伴，也是我的第一读者，从材料收集到调查问卷的设计，从数据的社会学统计到对点滴文字的评析，都饱含着她的辛劳和汗水。每当我挑灯夜读，天真可爱的女儿总是好奇地和我凑在一起盯着书上的文字看，慢慢地，女儿也知道了考古、博物馆、文物、法律等一些词语，而我俩也在光阴的故事里共同成长。总而言之，为了能让我心无旁骛地投身于书山学海之中，家人为我付出的努力和牺牲是无法用文字准确表达的，而我对于她们唯有深深的愧疚！

最后，还要感谢北京联合出版公司的夏艳老师！没有夏老师的大力支持和帮助，这本书是不可能这么快出版的。

作为一名文博法学科研大军中的“游击队员”，我的学术积累、研究经验、思维习惯等都不可避免地存在这样那样的不足，字里行间也肯定会存在许多问题甚至谬误，恳请读者批评指正！

是为记。

焦晋林

于北京回龙观

2016 年 3 月

图书在版编目（CIP）数据

法治视野下的博物馆研究/焦晋林著．—北京：北京联合出版公司，2016.6

ISBN 978-7-5502-7985-8

Ⅰ.①法…　Ⅱ.①焦…　Ⅲ.①博物馆—管理—法规—研究　Ⅳ.①D912.104

中国版本图书馆 CIP 数据核字（2016）第 143870 号

法治视野下的博物馆研究

责任编辑：夏艳　章懿
出版发行：北京联合出版有限责任公司
社　　址：北京市西城区德外大街 83 号楼 9 层
邮　　编：100088
印　　刷：北京市天河印刷厂
开　　本：32 开
字　　数：200 千字
印　　张：8
版　　次：2016 年 6 月第 1 版
印　　次：2016 年 6 月第 1 次印刷
定　　价：58.00 元

文献分社出品